DE
L'ASSISTANCE JUDICIAIRE

ET DES
IMMUNITÉS SPÉCIALES
ACCORDÉES AUX INDIGENTS

Paris. — De Soye, imprimeur, r. de Seine, 36.

DE
L'ASSISTANCE JUDICIAIRE

ET DES

IMMUNITÉS SPÉCIALES

ACCORDÉES

AUX INDIGENTS.

Commentaire de la loi du 22 janvier 1851, et de celle du 10 décembre 1850

PAR M. DORIGNY, AVOCAT,

Sous-Chef au Ministère de la Justice.

Prix : 2 fr. 50 c., et 3 fr. par la poste (franco).

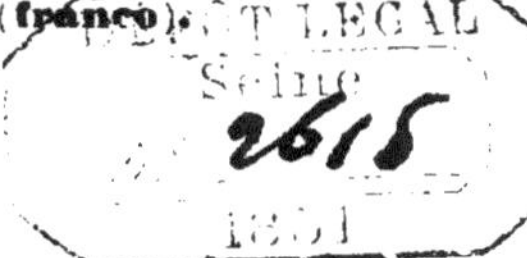

L'auteur, qui déjà s'était livré à de consciencieuses études sur cette matière (voir *le Droit* du 2 décembre 1848 et du 20 mars 1851), a pensé qu'il serait utile d'en faire l'objet d'une PUBLICATION SPÉCIALE.

Voici comment il s'exprime dans l'*Avertissement* placé en tête de son ouvrage :

Nous avons, le premier, en coopérant pour une faible part à un ouvrage de procédure déjà ancien, et dont l'utilité est généralement reconnue aujourd'hui, résumé les dispositions alors trop peu nombreuses qui tendaient à faciliter l'accès de la justice aux indigents, et celles qui leur accordaient quelques immunités pour les actes de la

vie civile. (Voir le *Dictionnaire de Procédure,* de M. Bioche, V° *Indigent.*)

Peut-être avons-nous ainsi contribué à faire ressortir l'insuffisance des moyens qui étaient alors offerts aux familles nécessiteuses pour la défense de leurs intérêts et pour la constatation de leurs droits.

On a fait depuis, à cet égard, tout ce qu'il était possible et désirable de faire, ou peu s'en faut.

Appelé par nos fonctions à étudier dès le principe les lois qui sont intervenues pour l'accomplissement de cette œuvre de bienfaisance, nous avons éprouvé le désir de nous employer à aplanir, par une publication spéciale, les difficultés auxquelles leur exécution nous semblait devoir donner lieu.

Dans une courte introduction, nous avons rappelé ce qui existait précédemment, et ce qui avait été proposé pour arriver à un état de choses plus satisfaisant ; puis, nous avons indiqué, aussi nettement que possible, le sens général et la portée des lois relatives à l'assistance judiciaire et au mariage des indigents.

Pour la suite de notre travail, nous avons adopté la forme du *commentaire,* qui nous a paru la plus convenable. Elle laisse aux textes toute leur valeur, et nous a permis d'augmenter, au point de vue pratique, l'importance et l'utilité des rapports qui ont préparé l'adoption de ces deux lois.

Chaque fois que nous avons trouvé dans ces rapports des observations propres à faire comprendre comment une disposition doit être entendue et exécutée, nous les avons transcrites *textuellement.* Des explications analytiques ne pourraient avoir la même autorité; et, d'ailleurs, il est bon de suivre en toute chose cette simple maxime : *Cuique suum.*

Mais, quel que soit le soin avec lequel une loi est élaborée, il reste encore, surtout dans une matière nouvelle, bien des questions imprévues, bien des détails sur lesquels l'attention n'a pu d'abord se porter, et qui se présentent ensuite comme autant d'obstacles à franchir pour atteindre le but.

Aurons-nous réussi à écarter au moins quelques-uns de ces obstacles? Le lecteur en jugera.

Nous sommes heureux de pouvoir joindre à notre publication une CIRCULAIRE *toute récente de M.* LE MINISTRE DE LA JUSTICE, sur le *mariage des indigents,* et une INSTRUCTION DE L'ADMINISTRATION DE L'ENREGISTREMENT, relative au même objet.

Paris. — DE SOYE, imprimeur, r. de Seine, 36.

DE
L'ASSISTANCE JUDICIAIRE

ET DES

IMMUNITÉS SPÉCIALES

ACCORDÉES

AUX INDIGENTS

Commentaire de la loi du 22 janvier 1851, et de celle du 10 décembre 1850

PAR M. DORIGNY, AVOCAT

Sous-Chef au Ministère de la Justice.

PARIS

LIBRAIRIE DE JURISPRUDENCE DE COTILLON

RUE DES GRÈS, 16, PRÈS DE L'ÉCOLE DE DROIT.

1851

TABLE

ASSISTANCE JUDICIAIRE.

TITRE Ier. — MATIÈRE CIVILE.

AVERTISSEMENT

Nous avons, le premier, en coopérant pour une faible part à un ouvrage de procédure déjà ancien, et dont l'utilité est généralement reconnue aujourd'hui, résumé les dispositions alors trop peu nombreuses qui tendaient à faciliter l'accès de la justice aux indigents, et celles qui leur accordaient quelques immunités pour les actes de la vie civile. (Voir le *Dictionnaire de Procédure,* de M. Bioche, V° *Indigent.*)

Peut-être avons-nous ainsi contribué à faire ressortir l'insuffisance des moyens qui étaient alors offerts aux familles nécessiteuses pour la défense de leurs intérêts et pour la constatation de leurs droits.

On a fait depuis, à cet égard, tout ce qu'il était possible et désirable de faire, ou peu s'en faut.

Appelé par nos fonctions à étudier dès le principe les lois qui sont intervenues pour l'accomplissement de cette œuvre de bienfaisance, nous avons éprouvé le désir de nous employer à aplanir, par une publication spéciale, les difficultés auxquelles leur exécution nous semblait devoir donner lieu.

Dans une courte introduction, nous avons rappelé ce qui existait précédemment, et ce qui avait été proposé pour arriver à un état de choses plus satisfaisant ; puis, nous avons indiqué, aussi nettement que possible, le sens général et la portée des lois relatives à l'assistance judiciaire et au mariage des indigents.

Pour la suite de notre travail, nous avons adopté la forme du *commentaire*, qui nous a paru la plus convenable. Elle laisse aux textes toute leur valeur, et nous a permis d'augmenter, au point de vue pratique, l'importance et l'utilité des rapports qui ont préparé l'adoption de ces deux lois.

Chaque fois que nous avons trouvé dans ces rapports des observations propres à faire comprendre comment une disposition doit être entendue et exécutée, nous les avons transcrites *textuellement*. Des explications analytiques ne pourraient avoir la même autorité; et, d'ailleurs, il est bon de suivre en toute chose cette simple maxime : *Cuique suum.*

Mais, quel que soit le soin avec lequel une loi est élaborée, il reste encore, surtout dans une matière nouvelle, bien des questions imprévues, bien des détails sur lesquels l'attention n'a pu d'abord se porter, et qui se présentent ensuite comme autant d'obstacles à franchir pour atteindre le but.

Aurons-nous réussi à écarter au moins quelques-uns de ces obstacles? Le lecteur en jugera.

Nous sommes heureux de pouvoir joindre à notre publication une *circulaire toute récente* de M. le ministre de la justice sur le *mariage des indigents*, et une *instruction* de l'administration de l'enregistrement relative au même objet.

INTRODUCTION

On a toujours reconnu en principe qu'il était juste d'assurer aux indigents les moyens de faire valoir leurs droits devant les tribunaux.

D'intéressantes publications ont rappelé les dispositions qui existaient à cet égard dans le droit romain, et dans les monuments de notre ancienne législation*. Mais il paraît certain qu'autrefois on s'en rapportait en France, pour la défense des indigents, à de généreuses traditions, bien insuffisantes, sans doute, en présence des difficultés de toute nature que rencontrait alors l'administration de la justice.

Nous lisons dans l'exposé des motifs du projet de loi sur l'assistance judiciaire :

« Si l'édit de 1610 par lequel il fut prescrit de « commettre *des avocats et procureurs pour les pau-*

---

* Voir, notamment, *Etudes sur l'institution de l'avocat des pauvres,* par M. Dubeux.

« *vres, en tel nombre qu'il sera advisé, selon la gran-*
« *deur et la nécessité de chacune cour ou siége*, n'a
« pas reçu de complète exécution, les mœurs y
« ont pourvu ; et, dès les temps anciens, les mem-
« bres de notre vieux barreau s'étaient faits tous
« les *avocats des pauvres*. »

Le ministre ajoutait : « Pour suivre ce bon
« exemple leurs successeurs n'ont pas attendu que
« la loi leur en fît un devoir. » Cet honorable témoignage leur était bien dû en effet.

Il faut reconnaître aussi que, de leur côté, les
avoués se sont généralement prêtés à faire ce qui
dépendait d'eux pour faciliter l'accès de la justice
aux indigents; mais leur bonne volonté était, dans
un grand nombre de cas, paralysée par l'inflexi-
ble rigueur du fisc.

Le même obstacle n'existait pas devant les juridictions criminelles. L'action de la justice répres-
sive est principalement confiée au ministère public; les frais qu'elle nécessite sont avancés par
l'Etat, et il ne reste qu'à assurer aux accusés les
moyens de se défendre et de prouver leur inno-
cence, s'il est possible, quelle que soit leur position de fortune. C'est ce qui a été fait depuis longtemps de manière à ne laisser presque rien à
désirer.

Nous allons de suite le constater.

ÉTAT DES CHOSES

AVANT LA LOI DU 22 JANVIER 1851.

***

Matières criminelles.

L'article 294 du Code d'instruction criminelle chargeait le président de la Cour d'assises ou le juge délégué par lui de désigner un défenseur à l'accusé, lorsque celui-ci n'en aurait pas lui-même choisi un.

L'ordonnance du 20 novembre 1822 pourvut surabondamment, par son article 41, à ce que cette désignation ne fût pas vaine, en défendant aux avocats de refuser dans ce cas leur ministère, sans faire approuver leurs motifs d'excuse ou d'empêchement par les cours d'assises.

L'article 321 du même Code a confié au procureur général le soin d'apprécier s'il devait, pour aider la découverte de la vérité, faire citer à sa requête les témoins qui lui seraient indiqués par l'accusé ; et, en outre, le président de la Cour d'assises était investi, par l'article 268, d'un pouvoir discrétionnaire qui lui permettait d'appeler lui-même un ou plusieurs témoins dont l'audition pouvait paraître utile à la défense.

Il n'y a pas d'amende à consigner pour interjeter appel en matière correctionnelle ou de simple police.

Quant aux pourvois en cassation, l'article 420 du Code d'instruction criminelle a exempté de l'amende les individus condamnés par les cours d'assises ; et de plus il a dispensé de la consignation préalable, quelle que fût la nature de la condamnation prononcée, toutes personnes qui établiraient leur état d'indigence dans les formes qu'il indique.

Ces dispositions, on le voit, étaient de nature à concilier presque entièrement tous les intérêts. Le zèle du barreau, l'esprit de justice et les sentiments d'humanité qui animent généralement la magistrature et le jury complétaient d'ailleurs les garanties assurées aux accusés.

Il n'en était pas ainsi en matière civile.

Matières civiles.

L'arrêté du 13 frimaire an IX, art. 2-5° et 7-2°, prescrivait aux chambres de discipline des *avoués* de former dans leur sein un *bureau de consultation gratuite pour les citoyens indigents,* et de distribuer aux membres de la compagnie les affaires que ce bureau croirait devoir être suivies.

Les avoués ainsi désignés ne pouvaient exiger la consignation entre leurs mains d'une somme destinée au paiement de leurs honoraires; mais ils n'étaient pas tenus de pourvoir aux avances dont une grande partie avait pour emploi l'acquittement des droits de timbre, d'enregistrement et de greffe, et ils s'en abstenaient ordinairement dès que l'issue du procès était ou leur paraissait douteuse, ou lorsqu'il pouvait être à craindre de ne pas arriver au remboursement des frais, même en obtenant gain de cause.

Le même arrêté voulait, art. 18, § 4, que les fonds de la bourse commune restant disponibles au delà des dépenses annuelles de la chambre fussent employés à subvenir aux besoins des pauvres qui auraient le plus de droits à la bienfaisance des avoués. Il était naturel d'employer ces fonds aux avances nécessaires pour les causes des indigents; mais cette ressource était bien restreinte, et quelquefois elle n'existait pas. Elle n'avait d'importance que dans les grandes villes.

A Paris il a été constaté que, depuis le 1er janvier 1844 jusqu'au 31 décembre 1848, la chambre des avoués avait poursuivi à ses frais 745 procès intentés par des indigents dont 420 ayant pour objet la séparation de corps. C'est qu'à Paris tout est exceptionnel.

Souvent les parties indigentes demandaient qu'il

leur fût nommé d'office un avoué par le président du tribunal où leur cause devait être portée ; mais relativement aux avances, seule difficulté réelle, cette désignation avait encore moins d'efficacité que celle de la chambre de discipline.

Le décret du 14 décembre 1810 qui a réorganisé le barreau imposait des devoirs analogues aux *avocats*, en leur recommandant, art. 24, d'apporter la plus grande attention aux consultations données en faveur des indigents, *afin qu'elles ne servissent point à vexer des tiers* qui ne pourraient par la suite être remboursés des frais de l'instance.

Bien que ce décret ait été formellement abrogé par l'article 45 de l'ordonnance du 20 novembre 1822, les dispositions qu'il contenait pour la défense des indigents ont continué d'être observées jusqu'à ce jour, aux termes mêmes de cet article, comme résultant des anciens usages du barreau. Ce n'est pas à cet égard que l'insuffisance de la législation s'est fait sentir.

Ministère public.

En matière civile, le ministère public ne peut agir d'office qu'à la condition d'y être formellement autorisé par la loi.

Lorsqu'il intervient dans le cas de démence, en vertu de l'article 491 du Code civil, si l'individu dont l'interdiction est poursuivie, ses père, mère, époux ou épouse sont dans un état d'indigence dûment constaté, les frais d'interdiction restent à la charge de l'Etat. Ils sont toujours avancés par l'administration de l'enregistrement ; les actes sont visés pour timbre et enregistrés en débet. (Décret du 18 juin 1811, art. 118, 119 et 120.)

La loi du 25 mars 1817, art. 75, a en outre chargé les membres du parquet d'intervenir pour faire réparer les omissions et opérer les rectifications sur les registres de l'état civil d'actes qui intéresseraient des individus *notoirement indigents;* elle a permis de viser alors pour timbre et d'enregistrer gratis les actes et jugements.

Cette exemption de droits a été, dans la pratique, étendue aux actes de notoriété prescrits par les art. 71, 72 et 155 du Code civil, mais les officiers du ministère public ne pouvaient légalement agir d'office pour obtenir ces actes et les faire homologuer.

L'intervention de ces magistrats dans l'intérêt des familles nécessiteuses était restreinte aux seuls cas prévus par les dispositions précitées.

Tribunaux de commerce et Justices de paix.

Les indigents n'avaient aucun moyen d'obtenir

l'avance des frais devant les *tribunaux de commerce,* et cependant, quoique ces avances fussent d'ordinaire peu considérables, les parties devaient se trouver quelquefois dans l'impossibilité d'y pourvoir.

Il en était de même devant les *juges de paix.* L'article 17 de la loi du 25 mai 1838 a diminué les inconvénients qui en résultaient, en permettant à ces magistrats d'appeler *sans frais* les parties devant eux.

Immunités diverses.

Nul ne pouvait être dispensé de consigner l'amende pour interjeter *appel*, ou pour former une *requête civile* (Avis du conseil d'Etat du 20 mars 1810); mais on en était dispensé pour former un pourvoi en cassation, pourvu que l'on fît constater son état d'indigence comme en matière criminelle. (Lois du 2 brumaire an IV, art. 17-2°, et du 14 brumaire an V, art. 2.)

L'exemption des droits du fisc n'avait été accordée aux parties que dans le cas bien digne d'intérêt, à la vérité, où il s'agissait du recouvrement des *sommes dues pour mois de nourrice*, lorsqu'elles n'excédaient pas 100 francs. (Loi du 16 juin 1824, art. 6.)

Il existait, du reste, quelques *immunités spéciales* entièrement étrangères à toute juridiction contentieuse.

Ainsi, il était permis d'enregistrer *gratis* les actes de reconnaissance d'enfants naturels appartenant à des individus notoirement indigents. (Loi du 15 mai 1818, art. 77, § 2.)

Les droits de sceau et d'enregistrement établis sur les lettres de naturalité et les dispenses d'âge et de parenté, pouvaient être remis en tout ou en partie. (Loi du 21 avril 1832, art. 1er.)

Les expéditions des actes, arrêtés et décisions des autorités administratives, ne portant pas transmission de propriété, d'usufruit et de jouissance, pouvaient être délivrés, sur papier libre, aux citoyens indigents, à la charge d'en faire mention dans ces expéditions. (Loi du 15 mai 1818, article 80.) On avait quelquefois dans l'usage appliqué cette disposition aux actes de l'état civil, mais l'administration de l'enregistrement, par un avis du 29 décembre 1829, approuvé le 22 janvier 1830, avait déclaré qu'il n'en devait pas être ainsi.

Cependant cette administration qui, en réalité, ne se montre inexorable que lorsque son respect pour la légalité et son juste désir d'empêcher les abus l'y obligent impérieusement, autorisait ses préposés à ne pas exiger les droits de timbre et d'enregistrement pour les actes relatifs à la nomination d'un tuteur lorsque l'indigence des mineurs était légalement constatée.

Essais d'amélioration.

Voilà ce qui existait, en droit et dans la pratique, lorsque fut élaborée la loi du 11 avril 1838, relative aux tribunaux de première instance.

A cette époque, plusieurs députés proposèrent de mettre à la charge du Trésor, sous certaines garanties, l'avance des frais dans les causes des indigents. Cette proposition fut rejetée après une assez longue discussion. Le gouvernement, avait-on dit, ne peut se faire entrepreneur de procès ; l'avance des frais ne peut être imposée à l'Etat que lorsqu'il s'agit d'un intérêt public ; si la mesure est admise, on en abusera pour éviter les droits d'enregistrement ; des attestations d'indigence seront facilement obtenues, et ceux qui auront quelque chose se trouveront en butte aux persécutions de ceux qui n'auront rien.

Des magistrats soutenaient que l'état de choses existant suffisait pour que le bon droit ne restât jamais sans défense ; d'autres affirmaient le contraire ; en général, on s'accordait à reconnaître que la question ne pouvait être traitée incidemment. Ce fut le motif principal du rejet. (*Moniteur* des 24, 27 et 28 février 1838.)

Des besoins plus impérieux se faisaient sentir au point de vue moral. L'obligation imposée aux indigents, comme à tous autres citoyens, de faire les déboursés nécessaires pour la production des actes exigés en cas de mariage, concourait à multiplier, à prolonger les unions illégitimes, et contrariait les louables efforts des sociétés charitables et du clergé, pour combattre ces fâcheuses tendances.

On s'en plaignait depuis longtemps lorsque, en 1846, au moment où se discutait le budget des recettes, MM. de Golbéry, Gustave de Beaumont, de Corcelles, de la Farelle, Terme, de Tocqueville et de Villeneuve, proposèrent à la Chambre des députés de décider qu'à l'avenir les extraits des registres de l'état civil, les actes de notoriété, de consentement, de publication, les délibérations des conseils de famille, les actes de procédure, les jugements et arrêts dont la production serait nécessaire pour la célébration du mariage des personnes indigentes, et pour la légitimation de leurs enfants, seraient *visés pour timbre* et *enregistrés gratis*, lorsqu'il y aurait lieu à l'enregistrement; et qu'il ne serait perçu aucun droit de greffe, au profit du Trésor, sur les copies et expéditions qui en seraient passibles.

L'amendement présenté dans ce sens, et adopté sans opposition, est devenu l'article 8 de la loi du

3 juillet 1846. Une ordonnance, intervenue le 30 décembre suivant, a déterminé le mode suivant lequel devait être constatée l'indigence pour jouir du bénéfice de cette disposition.

Lorsqu'on s'occupait de cet objet, deux députés, MM. Grandin et Chegaray, avaient exprimé de nouveau la pensée qu'il était nécessaire d'assurer au pauvre les moyens de faire reconnaître ses droits en justice. « Une pareille matière, disait M. Chega-« ray, ne peut s'improviser, mais elle doit être sé-« rieusement recommandée au gouvernement. »

Mémoire présenté à l'Académie des sciences morales et politiques.

Rien n'avait encore été fait pour réaliser cette pensée lorsque, au commencement de 1848, M. Vivien présenta à l'Académie des sciences morales et politiques le résultat de ses études consciencieuses sur la question de savoir s'il y avait lieu d'admettre en France l'institution existant en Sardaigne sous le nom de *bureau des pauvres*. (Voir le *Moniteur* des 11 et 12 février 1848.)

L'honorable académicien faisait parfaitement connaître cette institution; il indiquait en outre les mesures prises dans le même but par les autres Etats de l'Europe, et formulait ses idées sur les mesures à prendre en France.

Nous croyons devoir reproduire ici en partie cet important travail que nous avons eu déjà occasion de rappeler (voir *le Droit* du 2 déc. 1848), et qui a, bien évidemment, facilité l'œuvre accomplie en 1851.

Le bureau des pauvres, en Sardaigne, disait M. Vivien, se compose d'un avocat spécialement chargé de la direction des affaires et des plaidoiries, d'un procureur préposé à la rédaction des procédures, et de jeunes substituts, qui trouvent un utile noviciat dans ce ministère de charité. Tous les membres de ce bureau font partie du tribunal ou du sénat auprès duquel ils exercent.

Les procédures faites dans l'intérêt des indigents sont considérées comme urgentes, dispensées des droits de timbre et d'enregistrement, et mises à fin sans que ces clients de l'Etat aient rien à payer aux défenseurs qu'il leur donne ; mais, dans le cas de gain du procès, les avocats et procureurs des pauvres sont admis à réclamer leurs frais de la partie adverse. Pour empêcher les abus, on exige : 1° que l'indigence soit constatée dans les formes déterminées ; qu'elle soit reconnue par le bureau des pauvres et déclarée par le président du sénat ou du tribunal ; 2° que l'apparence au moins du bon droit de l'indigent soit admise par ce bureau, dont l'avis est soumis, pour la forme, à l'*exequatur* du président. L'individu admis à plaider comme indigent peut en outre être déchu de cette faculté dans le cours même du procès.

En *matière criminelle*, tout accusé est placé sous la protection du bureau des pauvres, même quand il s'est choisi un avocat. En *matière correctionnelle*, l'avocat des pauvres intervient lorsque le prévenu n'a pas de défenseur.

À Rome, un avocat consistorial est également chargé de présenter la défense des indigents poursuivis pour crimes ou délits. Il est pourvu aux besoins des affaires civiles par le ministère d'avocats d'office que désigne le tribunal.

La plupart des autres États de l'Europe, tels que la Belgique, la Hollande, les divers États de l'Allemagne, l'Autriche, l'Espagne, l'Angleterre, et les cantons de Vaud et de Genève, accordent aux indigents l'exemption des droits de toute nature qui pèsent sur les plaideurs, et laissent le soin de leur défense aux avocats et aux avoués ou procureurs.

Pour constater l'indigence, tantôt on s'en rapporte à un serment, et, dans ce cas, quelques législations imposent une peine même corporelle à celui qui a trompé la justice; tantôt un débat est ouvert à ce sujet entre le pauvre qui demande à profiter de l'exemption et sa partie adverse. On exige partout que la cause de l'indigent paraisse juste et fondée, soit au tribunal ou au président du tribunal qui doit en connaître, soit à l'avocat ou au procureur qui en prend la défense.

M. Vivien reconnaissait qu'en France on n'avait jusqu'à ce jour prêté qu'une assistance insuffisante aux indigents pour faire valoir leurs droits en justice, mais il se prononçait contre l'idée d'y pourvoir par l'établissement d'une *magistrature spéciale.*

Ce serait, disait-il, augmenter le nombre des fonctionnaires publics, déjà trop considérable; accroître les charges du Trésor; créer un mode de défense particulier et magistral pour des causes purement privées. Peut-être les avocats des pauvres, fonctionnaires publics, présenteraient-ils quelquefois moins de garanties d'indépendance et de capacité que le barreau; peut-être montreraient-ils moins de zèle. En Sardaigne, 2,738 causes d'indigents restaient à juger dans les cinq sénats à la fin de 1841, et il en restait 3,192 à la fin de 1842. Peu de temps avant sa mort, M. Philippe Dupin écrivait de Nice : *Cette institution promet plus dans la théorie qu'elle ne tient dans la pratique.*

Il est possible de donner à l'indigent l'appui qui lui est dû sans s'écarter sensiblement des règles déjà consacrées par la loi.

Trois hypothèses se présentent :

Le pauvre, sans être engagé dans un procès

proprement dit, est appelé à remplir certaines formalités judiciaires, et a besoin de faire dresser et expédier des actes qui ont rapport à son état civil ;

Ou il est l'objet d'une poursuite criminelle ;

Ou il veut intenter ou soutenir un procès civil.

Il faudrait ajouter aux immunités accordées pour le premier cas par la loi du 3 juillet 1846. Les actes dont elle fait mention ne sont pas les seuls qui soient dignes de faveur. Il ne suffit pas d'exempter ces actes des *droits du Trésor*. Les greffiers, huissiers et notaires ne devraient recevoir aucun émolument en pareil cas.

S'agit-il de poursuites criminelles, il faudrait donner aux accusés des garanties contre la désignation d'un avocat insuffisant, par exemple, l'assistance, comme second, d'un membre du conseil de l'ordre, lorsqu'il s'agit de graves accusations. Il faudrait qu'en police correctionnelle un défenseur fût assuré aux prévenus contre lesquels peut être prononcée la peine de la prison.

En matière civile, il conviendrait d'étendre le droit qui appartient au ministère public d'agir d'office, en certains cas. Tout ce qui touche à l'état civil, aux mariages, aux relations entre époux, aux devoirs des enfants, à ce qui constitue les bases mêmes de l'ordre social, est dans le domaine du ministère public. Il devrait intervenir directement, lorsqu'il s'agirait d'indigents, pour les demandes en *séparation de corps*, pour celles en *désaveu*, pour celles tendant à obtenir une *pension alimentaire*.

En dehors des actions que le ministère public serait ainsi appelé à exercer, les intérêts que l'indigent peut avoir à porter devant la justice sont exclusivement pécuniaires ou fonciers; ils concernent des droits de succession, de créances ou de propriété. Ce que la société doit alors aux indigents, c'est d'empêcher que la lice judiciaire ne leur soit fermée, soit par l'impossibilité d'obtenir des défenseurs, soit par l'obligation d'acquitter les frais de justice. Elle fait disparaître le premier obstacle par la désignation d'avoués et d'avocats d'office ; elle doit écarter le second par la remise des impôts établis à son profit, sauf restitution par la partie adverse, si elle est condamnée aux dépens, et même par l'indigent, si le gain du procès lui en fournit les moyens.

Ces idées ont été, dans la même séance de l'Académie des sciences morales et politiques, appuyées par MM. Cousin, Dupin et Giraud. M. Gustave de Beaumont a émis l'avis qu'il fallait confier au ministère public la défense des pauvres, en ayant soin d'approprier son personnel à ces nouvelles fonctions.

Loi sur l'assistance judiciaire.

Les événements, les préoccupations politiques, ont fait perdre de vue cet objet en 1848 ; mais l'année suivante une commission a été formée pour examiner ce qu'il convenait de faire relativement à la défense des indigents. (Voir *Monit.* du 16 juin 1849.)

Le travail de cette commission servit de base au projet de loi sur l'assistance judiciaire qui, après avoir été soumis au Conseil d'Etat, a été présenté à l'Assemblée nationale, le 11 juin 1850, par M. Rouher, ministre de la justice.

Ce projet, étudié avec soin par les hommes les plus compétents, a éprouvé d'assez nombreuses modifications qui l'ont amélioré sans en changer notablement la substance ; et, à la suite d'un remarquable rapport de M. de Vatimesnil, en date du 13 novembre 1850, il a été successivement adopté dans les séances des 29 novembre, 7 décembre 1850 et 22 janvier 1851. Il n'a, pour ainsi dire, donné lieu à aucune discussion, si ce n'est lorsqu'il s'est agi d'examiner si les adversaires de l'indigent devaient, comme lui, être provisoirement dispensés d'acquitter les droits perçus au profit du Trésor. Un amendement proposé dans le sens de l'affirmative a été repoussé.

Le gouvernement avait pensé, et l'Assemblée a

reconnu avec lui qu'il ne pouvait être question d'établir en France une magistrature spéciale pour les indigents.

On s'est également accordé à reconnaître l'imperfection du système adopté en Hollande et en Belgique où il faut d'abord engager une instance pour faire décider que l'on plaidera sans frais ; où les mêmes juges qui doivent prononcer en définitive sur le fond du droit ont d'abord à l'examiner, au moins superficiellement, pour statuer sur la question d'assistance.

Aperçu général de la loi.

La loi du 22 janvier 1851 organise près la Cour de cassation, près le conseil d'État, près les Cours d'appel et près les tribunaux de première instance des bureaux d'assistance judiciaire qui doivent être composés :

1° D'agents de l'administration ou de ses délégués ;

2° De légistes désignés par les magistrats, par les avocats et les avoués.

Le gouvernement avait proposé de faire entrer dans la composition de ces bureaux les officiers du ministère public. La commission de l'Assemblée nationale a repoussé cette idée, en faisant observer avec raison que les magistrats appelés à concourir au jugement du procès doivent être libres de tout préjugé, de toute idée préconçue, et que s'il a paru impossible de faire décider par le tribunal la question d'assistance, cette mission ne peut davantage être confiée aux membres des parquets qui exercent une légitime influence sur les décisions des tribunaux.

Ces bureaux auront à examiner si l'état d'indigence est réelle, et si la réclamation dont il s'agit est *plausible,* c'est-à-dire si les prétentions élevées paraissent justes et fondées en droit.

Lorsque l'assistance judiciaire aura été accordée, la partie admise à en profiter sera provisoirement dispensée du payement des droits de timbre, d'enregistrement et de greffe, ainsi que de toute consignation d'amende. Les avocats, avoués et huissiers devront lui prêter gratuitement leur ministère. Les frais de transport des juges, des officiers publics et des experts, les honoraires de ces derniers et les taxes des témoins dont l'audition aura été autorisée par le tribunal, ou par le juge commissaire, seront même avancés par le Trésor. Il en sera ainsi pour toutes les juridictions civiles et commerciales.

La dispense accordée pour les droits du fisc et pour les honoraires ou émoluments des officiers ministériels doit profiter à l'assisté, *tant que l'assistance ne sera pas retirée,* et par conséquent, en règle générale, il ne pourra être exercé aucune action contre lui à ce sujet, quelle que soit l'issue de l'assistance.

On en a seulement excepté :

1° Les droits à percevoir pour les actes et titres dont les lois ordonnent l'enregistrement dans un délai déterminé ;

2° Les sommes dues pour contravention aux lois sur le timbre ;

3° Les frais de transport, taxes des témoins et honoraires des experts, avancés par le Trésor.

C'est qu'il s'agit ici de perceptions qui devaient nécessairement avoir lieu, alors même qu'il n'y aurait pas eu de procès et d'avances qui constituent un véritable *prêt*. Il a paru juste que l'assisté fût tenu d'en acquitter le montant, dès que le jument définitif serait intervenu.

Le conseil d'État avait proposé un autre système. Il voulait que la dispense fût *absolue* et *définitive* à l'égard des contestations qui n'auraient pas pour objet une *valeur mobilière* ou *immobilière*, ou qui porteraient sur une *pension alimentaire*, de telle sorte que, dans les affaires de cette nature, la partie adverse de l'assisté aurait été affranchie elle-même du payement des droits de timbre et d'enregistrement relatifs aux actes faits à la requête de celui-ci.

Dans tous les autres cas, la dispense accordée n'aurait eu que le caractère d'un simple crédit, et la répétition aurait été admise contre l'assisté immédiatement après le jugement définitif.

Ce système n'a pas été accueilli.

L'assistance ne doit rien changer à la situation de la partie adverse, et celle-ci, lorsqu'elle sera condamnée, devra payer les dépens comme s'il n'y avait pas eu d'assistance, de même que, dans le cas où elle obtiendrait gain de cause, ses droits contre l'assisté, relativement aux dépens, seront exactement ce qu'ils auraient été contre tout autre.

Quant à l'assisté, nous l'avons dit, sauf les exceptions ci-dessus indiquées, il ne sera personnellement tenu de payer les droits et émoluments dont il aura été dispensé que dans le cas de *retrait* de *l'assistance.*

Mais ce retrait peut avoir lieu en tout état de cause, soit *avant,* soit *même après* le jugement :

1° S'il survient à l'assisté des ressources reconnues suffisantes ;

2° S'il a surpris la décision du bureau par une déclaration frauduleuse, et alors la répétition est admise de la part de l'État et des officiers ministériels.

M. de Vatimesnil a nettement établi dans son rapport qu'on avait dû autoriser le retrait de l'assistance, *même après le jugement,* parce que le jugement, s'il est favorable à l'assisté, peut faire cesser son indigence, et que, d'un autre côté, s'il est rendu contre lui, il peut fournir la preuve de la fraude employée pour tromper le bureau.

Ainsi, lorsque l'assisté obtiendra gain de cause et acquerra par le jugement des *ressources importantes* (ce sont les termes du rapport), tandis que son adversaire condamné aux dépens sera devenu insolvable, il devra être mis en demeure de payer les sommes dues au Trésor et aux officiers ministériels pour les actes faits à sa requête. Ce recours, on le comprend, n'aura lieu dans ces termes que bien exceptionnellement, et il sera, d'ailleurs, subordonné à l'appréciation du bureau d'assistance, dont la décision sera nécessaire pour l'autoriser.

Des pénalités sont établies pour le cas de déclaration frauduleuse relativement à l'indigence.

Il y avait peu de chose à faire, ainsi que nous l'avons précédemment démontré, pour les matières criminelles et correctionnelles. On a cependant complété, par quelques dispositions nouvelles, les moyens de défense qui déjà existaient pour les accusés ou prévenus.

Telle est l'économie de cette loi qui doit avoir pour effet, si le but qu'on s'est proposé est atteint, de rendre réelle devant la justice l'*égalité des citoyens devant la loi*.

Son exécution, il faut le reconnaître, va augmenter assez notablement le travail et la responsabilité

des préposés de l'enregistrement, puisque, indépendamment de la présence de l'un d'eux au
sein du bureau d'assistance, ils seront obligés
d'ouvrir un compte pour les droits dont l'assisté
sera provisoirement dispensé, de faire payer les
dépens à la partie adverse, si elle est condamnée,
de poursuivre, contre l'assisté lui-même, le recouvrement de certaines sommes, et de distribuer aux
officiers ministériels ce qui leur revient.

Quant au Trésor, les sacrifices que lui impose
la loi ne sauraient être considérables, si, comme
il est permis de l'espérer, les demandes pour lesquelles l'assistance aura été accordée sont le plus
souvent admises par les tribunaux.

Deux écueils étaient ici à éviter. Il importait,
d'une part, de ne pas rendre illusoire, à force de
précaution, la faveur accordée aux indigents, et,
d'un autre côté, d'empêcher que l'on n'abusât du
bénéfice de la loi, soit pour se soustraire aux droits
du fisc, soit pour exercer des poursuites vexatoires contre d'honnêtes citoyens.

Ces difficultés nous semblent avoir été presque
entièrement vaincues, mais à la condition que les
choix faits pour la formation des bureaux d'assistance soient sérieux, et que les membres de ces
bureaux comprennent toute l'importance de leur
honorable mission.

Il est à craindre que les demandes, mal fondées

ou dénuées de tout intérêt, ne se multiplient d'abord outre mesure. Il faudra déblayer le terrain. Ce sera, pour les bureaux d'assistance, une tâche ingrate et laborieuse, dans l'accomplissement de laquelle ils auront besoin d'être soutenus par cet amour du bien qui surmonte tous les obstacles. Leur prudence, espérons-le, saura concilier les devoirs de diverses natures qui leur sont imposés. Au milieu des prétentions abusives d'une aveugle cupidité, et des plaintes malheureusement vaines d'une détresse que la justice ne peut soulager, ils s'appliqueront à reconnaître les réclamations légitimes auxquelles il importe de prêter appui, et tiendront à honneur de prouver, avec l'aide du temps, l'utilité réelle d'une institution qui répond, dans les limites du possible, aux généreuses intentions du pays.

Conseils de prud'hommes.

Une loi qui a quelques points de contact avec celle du 22 janvier 1851, et à laquelle celle-ci se réfère, par son article 27, avait été, par suite d'une proposition de M. Peupin, et sur un rapport de M. Favreau, adoptée dans les séances des 14 juin, 2 juillet, et 7 août 1850.

Cette loi veut que, dans les contestations qui s'élèvent entre patrons et ouvriers, et sont portées devant les *Conseils de prud'hommes*, les actes de procédure, ainsi que les jugements et les actes nécessaires à leur exécution soient *visés pour timbre et enregistrés en débet*, en réservant les droits du Trésor contre la partie qui sera condamnée aux dépens.

C'est encore de l'assistance accordée par la loi elle-même.

Loi du 10 décembre 1850. — Mariage. — Légitimation.

Précédemment, M. Bouhier de l'Ecluse avait fait une proposition tendant à accroître les immunités que la loi du 3 juillet 1846 accordait aux indigents.

Cette proposition fut complétée par la commission qui avait été chargée de l'examiner, et M. de Limairac présenta à ce sujet, le 31 janvier 1850, un rapport empreint des plus purs sentiments d'une philanthropie éclairée.

Le projet de la commission, adopté sans amendement, forme la loi des 18-27 novembre et 10 décembre 1850, dont le titre annonce qu'elle a pour but de faciliter le mariage des indigents, la légitimation de leurs enfants naturels et le retrait de ces enfants déposés dans les hospices.

Cette loi abroge l'article 8 de la loi du 3 juillet 1846, et l'ordonnance du 30 décembre suivant dont elle reproduit en partie les dispositions; elle y ajoute en assurant aux indigents le concours des maires pour obtenir les actes dont ils ont besoin, et celui du ministère public soit pour guider ou suppléer les maires en cas de difficultés, soit pour requérir et faire exécuter d'office tous actes judiciaires ou procédures que peut nécessiter la célébration d'un mariage.

C'est là une assistance réelle et non moins utile que l'exemption des droits du fisc; car, ainsi que l'a fait observer M. de Limairac, dans son rapport, « l'indigent abandonné à lui-même est frappé « d'une sorte d'incapacité pour l'accomplissement « des formalités qui se rattachent à l'acte le plus « important de la vie civile. » Les démarches à faire, la perte de temps qui en résulte, l'embarras des correspondances, le transport des pièces l'arrêtent autant que la difficulté de payer le coût des actes, et l'on ne peut, à cet égard, s'en rapporter exclusivement au zèle des sociétés charitables, quel que soit le mérite de leurs efforts persévérants et si dignes d'éloges. Il fallait donner à l'indigent un *conseil*, un *mandataire officiel*, et ce devait être naturellement l'officier de l'état civil chargé de la célébration du mariage, sauf à assurer l'efficacité de son concours par l'intervention du ministère public.

C'est ce qu'a fait la loi du 10 décembre 1850, dont les dispositions, réunies à celle de la loi du

22 janvier 1851, attestent une juste sollicitude en faveur de la population indigente.

Nous avons entrepris de faciliter l'exécution de ces lois, en aidant à résoudre les questions qu'elles doivent nécessairement, comme toutes lois nouvelles, faire naître dans la pratique. L'intention qui nous guide sera, nous l'espérons, appréciée de ceux qui s'intéressent aux œuvres sérieuses de bienfaisance et d'humanité.

Nous nous occuperons d'abord de la loi sur l'assistance judiciaire dont l'application est plus générale ; nous examinerons ensuite celle du 10 décembre 1850 ; nous indiquerons en même temps les dispositions qui se rattachent à ces deux lois et celles qui nous semblent leur survivre.

ASSISTANCE JUDICIAIRE

LOI

des 29 novembre, 7 décembre et 22 janvier 1851.

ARTICLE PREMIER. L'assistance judiciaire est accordée aux indigents dans les cas prévus par la présente loi.

§ 1er. Le projet du gouvernement portait :

« L'assistance est accordée à ceux que leur in-
« digence met dans l'impossibilité d'exercer en jus-
« tice des droits utiles. »

On a pensé que ces mots : *droits utiles*, n'avaient pas un sens assez net, et que d'ailleurs ils ne pouvaient être adoptés puisque l'assistance ne devait pas être accordée généralement, et sans exception, à tous ceux qui auraient des droits à *exercer en justice*.

Ainsi, la loi ne l'accorde pas, devant les tribunaux de répression, à *la partie civile*.

Celle-ci peut facilement, a-t-on dit, trouver un

avocat **ou un** avoué qui lui rende bénévolement le service de poser ses conclusions pour elle, et cela suffit. « Si une personne lésée par un crime « ou un délit n'a pas obtenu réparation devant la « justice criminelle ou correctionnelle, elle peut, « après la condamnation de l'auteur du crime ou « du délit, intenter une action devant une juridic- « tion civile, et si elle est indigente, obtenir l'as- « sistance à raison de cette action. » (Rapport de M. de Vatimesnil.) *

La présente loi n'est pas applicable non plus :

« Aux affaires de simple police, à cause de leur « peu d'importance. »

« A celles qui sont soumises aux Conseils de « prud'hommes, parce que déjà on y a pourvu par « la loi du 7 août 1850. » (Voir l'article 27 ci- après.)

« A celles enfin qui appartiennent aux Conseils « de préfecture et au tribunal des conflits, parce « que l'on y procède sans frais. » (R.)

§ 2. Un principe essentiel et qui domine toute la loi, c'est que l'assistance accordée aux indi- gents « ne change rien aux attributions des ma- « gistrats, ni à la marche de la procédure, ni aux « rapports des parties entre elles. » (R.)

---

* Ultérieurement, quand nous citerons ce rapport, nous nous bornerons à l'indiquer par la lettre R.

TITRE Ier.

DE L'ASSISTANCE JUDICIAIRE EN MATIÈRE CIVILE.

CHAPITRE PREMIER.

DES FORMES DANS LESQUELLES L'ASSISTANCE JUDICIAIRE EST ACCORDÉE.

ART. 2. L'admission à l'assistance judiciaire devant les tribunaux civils, les tribunaux de commerce et les juges de paix, est prononcée par un bureau spécial établi au chef-lieu judiciaire de chaque arrondissement, et composé :

1° Du directeur de l'enregistrement et des domaines, ou d'un agent de cette administration délégué par lui ;

2° D'un délégué du préfet ;

3° De trois membres pris parmi les anciens magistrats, les avocats ou anciens avocats, les avoués ou anciens avoués, les notaires ou anciens notaires. Ces trois membres seront nommés par le tribunal civil.

Néanmoins, dans les arrondissements où il y aura au moins quinze avocats inscrits au tableau, un des trois membres mentionnés dans le paragraphe précédent sera nommé par le conseil de discipline de l'ordre des avocats, et un autre par la chambre des avoués près le tribunal civil; le troisième sera choisi par le tribunal, conformément au paragraphe précédent.

§ 1er Les bureaux d'assistance, on le voit, doivent toujours être composés en majorité d'hommes dont la position sera indépendante et qui seront versés dans la connaissance du droit et des contestations judiciaires.

« Toutefois, si ces bureaux n'avaient dans leur
« sein que des légistes, l'intérêt du Trésor n'y se-
« rait pas toujours assez efficacement défendu. Il
« convient donc d'y introduire un autre élément :
« des représentants de l'intérêt des finances, qui
« n'est autre chose que l'intérêt général des con-
« tribuables, doivent être appelés à y siéger. A ce
« moyen, la réalité de l'indigence alléguée sera
« examinée avec une attention sérieuse; ce sera
« une garantie non-seulement pour l'Etat, mais
« encore pour les tiers; car, ainsi que nous l'a-
« vons déjà remarqué, l'assistance, trop facile-
« ment accordée à des individus qui peuvent sub-
« venir aux frais du procès, serait un funeste
« encouragement donné à la manie de plaider,
« dont le frein naturel est la crainte de supporter
« les dépens. » (R.)

Les termes de la loi et le but qu'elle se propose exigent que le directeur de l'enregistrement, lorsqu'il ne croira pas devoir faire partie lui-même du bureau d'assistance, ne puisse déléguer qu'un *agent de cette administration.*

Quant au *délégué du préfet*, « cet administrateur
« le choisira, selon les localités, soit parmi les ci-
« toyens sans fonctions, soit dans telle classe de
« fonctionnaires qu'il jugera convenable. » (R.)

§ 2. Lorsqu'un tribunal est appelé à faire les désignations, relatives aux bureaux d'assistance, les *officiers du ministère public* doivent voter avec les juges.

Non-seulement ces magistrats ont, ainsi que la Cour de cassation l'a jugé par ses arrêts des 14 juin 1837, 18 août 1842, et 6 février 1843, le droit *d'assister* à toutes les délibérations qui ont pour objet une mesure d'ordre public ou d'administration judiciaire, mais encore il y a des cas où ils ont le droit de *voter* comme les autres membres de la Cour ou du tribunal. C'est ce qu'a formellement reconnu M. le procureur général Dupin, dans le réquisitoire sur lequel est intervenu l'arrêt de 1837 précité. (*Bull. civ.* 1839, n° 1.) Si la Cour ne s'est pas prononcée sur ce point, c'est que dans l'affaire dont elle était alors saisie, comme dans celles qui ont donné lieu aux deux autres arrêts, la question n'était pas à résoudre.

On ne voit pas pourquoi les officiers du ministère public ne pourraient voter comme membres de la compagnie, lorsqu'ils n'ont aucun réquisitoire à présenter, et qu'il ne s'agit pas, à vrai dire, de délibérer, de *prendre une décision*, mais de faire une désignation de personnes, opération pour laquelle les fonctions habituelles de ces magistrats leur donnent, au contraire, une aptitude toute spéciale.

En fait, les membres du parquet ont été admis sans difficulté, par la Cour de cassation et par la Cour d'appel de Paris, à voter pour la formation des bureaux d'assistance, comme ils avaient déjà voté précédemment pour les désignations relatives au conseil supérieur de l'instruction publique et au conseil académique.

§ 3. On serait disposé à croire, au premier abord, que le même droit appartient aux *juges suppléants*, puisque eux aussi sont *membres* des tribunaux de première instance, et que l'art. 11, qui ne leur accorde voix délibérative que dans le cas où ils remplacent un juge, n'est applicable, d'après ses termes, que lorsqu'il y a lieu de *statuer*. Mais si l'on consulte l'esprit de cette disposition, et les observations dont elle a été l'objet à l'époque où la loi a été élaborée, on reste convaincu que, quelle que soit l'opération qui exige une assemblée générale, les juges suppléants ne peuvent y prendre part *concurremment avec les juges en titre;* car on a voulu qu'en aucun cas leur opinion ne prévalût sur celle de la majorité des juges.

Ils ne doivent donc, selon nous, voter pour la désignation des membres du bureau d'assistance que lorsqu'ils y sont appelés en remplacement de juges absents ou empêchés. Ceux qui sont en même temps avocats ou avoués peuvent d'ailleurs, à ce titre, avoir à désigner l'un de leurs confrères pour la formation du même bureau.

§ 4. Les avocats, avoués ou notaires, qui sont en même temps *juges suppléants* ou *suppléants de juge de paix*, peuvent-ils néanmoins faire partie des bureaux d'assistance ?

L'art. 2, § III de la loi du 22 janvier, en permettant de choisir les membres des bureaux d'assistance parmi les *anciens magistrats,* exclut implicitement les magistrats en exercice, et tel est sans aucun doute le caractère des juges suppléants, ainsi que des suppléants de justice de paix.

Toutefois, il est certain que ces magistrats, bien qu'assimilés aux juges titulaires en ce qui concerne les exemptions de service et les poursuites disciplinaires, ne sont pas mis sur la même ligne en ce qui concerne les *incompatibilités.* La Cour de cassation a notamment décidé, par deux arrêts des 2 avril 1842 et 1er octobre 1846, que l'on ne pouvait étendre aux juges suppléants l'incompatibilité établie entre les fonctions de juge et celles de *conseiller de préfecture* ou de *juré.* Le motif principal de ces décisions est que les suppléants n'ont qu'éventuellement le caractère de juge.

Il serait donc permis, jusqu'à un certain point, de penser que les suppléants désignés comme avocats, avoués ou notaires, pour faire partie d'un

bureau d'assistance, ne doivent pas être empêchés, comme magistrats, de remplir cette honorable mission.

Mais, à défaut même d'incompatibilité légale, il
existe évidemment, en fait, des considérations qui
rendraient ce cumul de fonctions regrettable.

Les décisions des bureaux d'assistance judiciaire, si elles ne doivent pas être motivées, exigent cependant un examen du fond des procès, et
pourraient donner lieu à des récusations ou moti-
ver des abstentions, lorsque les affaires seraient
ultérieurement portées devant la juridiction compétente. Il serait également contraire à toutes les
convenances hiérarchiques de confier aux suppléants le soin d'apprécier s'ils doivent autoriser
un indigent à interjeter appel d'un jugement
émané d'un tribunal auquel ils appartiennent.

Ce cumul exposerait d'ailleurs les suppléants à
se trouver moins facilement disponibles pour
l'exercice de leurs fonctions judiciaires, ou à né-
gliger le service du bureau d'assistance. Déjà ceux
qui sont sérieusement occupés comme avocats,
avoués ou notaires, ont quelquefois peine à remplir leurs devoirs de magistrats ; il importe de ne
pas accroître cet inconvénient par de nouvelles
occupations.

Il est donc fort désirable que l'on évite d'appeler des suppléants à faire partie d'un bureau d'as-

sistance, partout où l'on n'y est pas obligé de la manière la plus absolue pour composer convenablement ce bureau.

§ 5. Le projet du gouvernement n'indiquait que les avocats et les avoués pour être adjoints aux délégués de l'administration. La commission de l'Assemblée nationale a pensé que les anciens magistrats, les anciens avocats, les anciens avoués, les notaires et anciens notaires, pouvaient être désignés aussi bien que les avoués et les avocats en exercice. « Peut-être même, a dit le rapporteur, « y a-t-il un certain avantage à choisir des hom- « mes qui, après avoir acquis dans ces diverses « fonctions l'expérience nécessaire, jouissent de « loisirs dont ils s'estimeront heureux de consa- « crer une partie à cette mission charitable. » (R.)

ART. **3**. Le bureau d'assistance établi près d'une Cour d'appel se compose de sept membres, savoir :

De deux délégués, nommés comme il est dit dans les numéros 1 et 2 de l'article précédent ;

Et de cinq autres membres choisis de la manière suivante :

Deux par la Cour, en assemblée générale, parmi les citoyens des qualités énoncées dans le quatrième paragraphe de l'article précédent ;

Deux par le conseil de discipline de l'ordre des avocats ;

Et un par la chambre de discipline des avoués à la Cour.

Voir art. 2, *Comment.*, § 1, 2, 4 et 5.

L'administration jugera sans doute convenable de ne pas se faire représenter par le même délégué dans le bureau établi près la Cour d'appel, et dans celui établi près le tribunal de première instance siégeant dans la même ville, puisque le premier peut, aux termes de l'art. 12, avoir à réformer les décisions du second.

ART. 4. Lorsque le nombre des affaires l'exige, le bureau peut, en vertu d'une décision du ministère de la justice, prise sur l'avis du tribunal ou de la Cour, être divisé en plusieurs sections.

Dans ce cas, les règles prescrites par les deux articles précédents, relativement au nombre des membres du bureau et à leur nomination, s'appliquent à chaque section.

« Il est probable qu'à Paris et dans quelques « autres grands centres de population, le nombre « des demandes d'admission à l'assistance judi- « ciaire sera trop considérable pour qu'un bureau « composé d'une seule section puisse y suffire. » (R.) Mais il ne faudrait pas abuser de la faculté donnée à cet égard par la loi. C'est pourquoi l'intervention du ministre de la justice est exigée en pareil cas.

Cette disposition ne s'applique pas aux bureaux établis près de la Cour de cassation et près du conseil d'Etat.

ART. 5. Près de la Cour de cassation et près du conseil

d'Etat, le bureau est composé de sept membres, parmi lesquels deux délégués du ministre des finances.

Trois autres membres sont choisis, savoir :

Pour le bureau établi près de la Cour de cassation, par cette Cour, en assemblée générale, parmi les anciens membres de la Cour, les avocats et les anciens avocats au conseil d'Etat et à la Cour de cassation, les professeurs et les anciens professeurs en droit ;

Et pour le bureau établi près du conseil d'Etat, par ce conseil, en assemblée générale, parmi les anciens conseillers d'Etat, les anciens maîtres des requêtes, les anciens préfets, les avocats et les anciens avocats au conseil d'Etat et à la Cour de cassation.

Près de l'une et près de l'autre de ces juridictions, les deux derniers membres sont nommés par le conseil de discipline de l'ordre des avocats au conseil d'Etat et à la Cour de cassation.

La loi a recherché, pour chacun de ces deux bureaux, des aptitudes spéciales et appropriées à la nature des affaires. Elle admet notamment pour la Cour de cassation les professeurs et anciens professeurs en droit, parce que la mission du bureau établi près cette Cour doit consister surtout à examiner des questions de droit, pour apprécier les chances de succès du pourvoi.

ART. 6. Chaque bureau d'assistance ou chaque section nomme son président.

Les fonctions de secrétaire sont remplies par le greffier de la Cour ou du tribunal près duquel le bureau est établi, ou par un de ses commis assermentés ; et, pour le bureau établi près du conseil d'Etat, par le secrétaire général de ce conseil, ou par un secrétaire de comité ou de section délégué par lui.

Le bureau ne peut délibérer qu'autant que la moitié plus un de ses membres sont présents, non compris le secrétaire, qui n'a pas voix délibérative.

Les décisions sont prises à la majorité ; en cas de partage, la voix du président est prépondérante.

§ 1er. Il est évidemment conforme au vœu de la loi du **22 janvier** que **MM.** les procureurs généraux et procureurs de la République s'occupent de faire nommer les membres des bureaux d'assistance, et les convoquent ensuite pour qu'ils se constituent et désignent leur président. S'il pouvait, au surplus, exister quelques doutes à cet égard, en l'absence d'une disposition expresse, il suffirait, pour les faire disparaître, de rappeler les termes des art. **79** du décret du **30 mars 1808, 45** et **46** de la loi du **20 avril 1810,** qui déterminent d'une manière générale les attributions du ministère public.

Le parquet doit nécessairement avoir connaissance des procès-verbaux d'élection et des actes de délégation relatifs à ces bureaux. La présence de l'un de ses membres, bien qu'elle ne paraisse pas obligatoire, ne pourrait qu'être utile et convenable pour ouvrir la séance d'installation ; mais nous ne pensons pas que la Cour ou les tribunaux de première instance doivent intervenir à ce sujet,

comme lorsqu'il s'agit de la réception de magistrats.

§ 2. Les membres des bureaux d'assistance
n'ont évidemment aucun serment à prêter, puisque la présente loi n'en exige pas d'eux, et qu'on
ne peut leur appliquer celle du 8 août 1849, relative au serment des magistrats.

§ 3. Après avoir choisi son président, chaque
bureau arrêtera le mode suivant lequel auront lieu
les réunions ultérieures, et réglera l'ordre de ses
travaux. Si les magistrats étaient consultés à ce
sujet, les conseils de leur expérience ne feraient
sans doute pas défaut à ceux qui les réclame-
raient.

§ 4. Quel sera le local affecté aux réunions habituelles des bureaux d'assistance, et comment
sera-t-il pourvu aux frais qu'elles pourront nécessiter?

Il est à craindre que le silence de la loi sur ces
deux points ne fasse naître quelques difficultés;
mais on doit espérer que ces difficultés seront
promptement aplanies par le désir que chacun
éprouvera de coopérer à une œuvre de bienfaisance.

Dès qu'aucune disposition n'assigne aux réu-

nions des bureaux d'assistance un local particulier, les membres de ces bureaux peuvent d'un
commun accord se réunir, selon les circonstances, soit chez l'un d'entre eux, soit dans le local
appartenant à l'ordre des avocats ou aux corporations d'avoués ou de notaires, soit dans une salle
de la mairie ou de la préfecture, soit enfin dans
l'une des pièces qui dépendent du prétoire de la
Cour d'appel ou du tribunal de première instance.
Ce dernier parti serait assurément le plus convenable, et l'on ne saurait douter que les magistrats
ne s'y prêtent volontiers en prenant les précautions
nécessaires pour que le service n'en souffre pas.

Quant aux frais, ils seront certainement bien
minimes, et nous sommes convaincu que partout
on saura y pourvoir. Au besoin, les cours et tribunaux n'hésiteraient pas à y consacrer provisoirement une partie du fonds des *menues dépenses*,
sauf à réclamer des conseils généraux, s'il y avait
lieu, un fonds spécial pour cet objet.

§ 5. Les greffiers et commis greffiers, qui doivent remplir auprès des bureaux d'assistance les
fonctions de secrétaire, seront naturellement chargés de la conservation des pièces remises à ces
bureaux.

ART. 7. Les membres du bureau, autres que les délégués
de l'administration, sont soumis au renouvellement, au com-

mencement de chaque année judiciaire et dans le mois qui suit la rentrée ; les membres sortants peuvent être réélus.

§ 1ᵉʳ. « C'est pour tout le monde un honneur « que de faire partie d'un bureau qui rend des « services gratuits aux pauvres ; mais pour les « hommes. très-occupés dans leur profession, cet « honneur deviendrait à la longue un fardeau. On « éprouverait une sorte d'embarras à résigner des « fonctions charitables ; mais on peut avoir le dé- « sir de s'en trouver déchargé après un certain « laps de temps, et de les voir passer en d'autres « mains. Les tribunaux et les corporations, que le « projet de la commission charge de choisir les « membres du bureau, pourront, lors du renou- « vellement annuel, avoir égard aux convenances « personnelles en même temps qu'à l'intérêt pu- « blic. » (R.)

§ 2. On ne doit pas conclure des termes de cet article que les délégués de l'administration ne puissent être changés, soit dans le cours de l'année, soit à l'époque du renouvellement des autres membres du bureau. L'inamovibilité ne saurait être présumée là où elle n'est pas formellement établie.

Le but que se propose la loi autorise l'administration à changer, quand elle le juge convenable, ceux qui sont appelés à la représenter. Les besoins du service peuvent d'ailleurs exiger de pareils changements; mais il est désirable que d'ordinaire ils n'aient pas lieu avant l'époque de renouvellement fixée par l'art. 7.

Art. 8. Toute personne qui réclame l'assistance judiciaire adresse sa demande sur papier libre au procureur de la République du tribunal de son domicile. Ce magistrat en fait la remise au bureau établi près de ce tribunal. Si le tribunal n'est pas compétent pour statuer sur le litige, le bureau se borne à recueillir des renseignements, tant sur l'indigence que sur le fond de l'affaire. Il peut entendre les parties. Si elles ne sont pas accordées, il transmet, par l'intermédiaire du procureur de la République, la demande, le résultat de ses informations et les pièces, au bureau établi près de la juridiction compétente.

§ 1er. La demande d'assistance est formellement exemptée du timbre. Il est dans le vœu de la loi que les pièces produites à l'appui de cette demande ou qui pourraient être réclamées pour l'apprécier soient également dispensées de tous les droits fiscaux, sauf la distinction établie par l'article 14.

§ 2. L'intervention du ministère public, en cette matière, est, sous tous les rapports, d'une grande utilité. « D'abord, on trouve toujours au « parquet un magistrat qui peut recevoir le pu- « blic et lui donner des indications utiles; si ce « n'est pas le procureur de la République, c'est « son substitut. Ainsi, lorsqu'un indigent vient de

« la campagne à la ville où siége le tribunal pour
« apporter sa demande en assistance, il a la certi-
« tude de ne pas faire un voyage en pure perte. Il
« se rend au parquet ; il y aura là quelqu'un qui
« recevra cette demande, l'enregistrera, et don-
« nera à cet homme la direction dont il a besoin.
« Si l'indigent ne peut pas ou ne veut pas se trans-
« porter au chef-lieu, il confiera sa demande et ses
« pièces au maire de sa commune, qui l'enverra
« au procureur de la République, avec lequel il jouit
« de la franchise du port des lettres.... Enfin, il est
« utile que la demande soit adressée par l'officier
« du ministère public au bureau. Ce fait constitue
« pour le bureau une sorte de mise en demeure
« morale ; c'est un préservatif contre la négligence
« dans laquelle tombent quelquefois les hommes
« même les plus honorables. » (R.)

L'honorable rapporteur a formellement déclaré,
à cette occasion, que, pour tout ce qui concerne-
rait l'assistance judiciaire, la loi comptait sur la
franchise de correspondance dont jouissent les parquets.

Il appartient également aux procureurs de la
République de veiller à ce qu'il soit donné la suite
convenable à ces demandes, de prêter au besoin
leur concours pour l'instruction, et d'entrer en
relation avec le président du bureau, s'il y a lieu,
pour qu'une décision intervienne le plus tôt possible.

Un registre devra en conséquence être tenu au parquet pour y prendre note de l'envoi et du mouvement de ces affaires.

On verra, art. 9, 12, 13 et 15, que le ministère a encore d'autres devoirs à remplir.

§ 3. Il semblerait résulter, des termes impératifs de la disposition ci-dessus, qu'un bureau d'assistance ne peut être valablement saisi d'une affaire que par le procureur de la République. Nous doutons cependant que tel soit réellement le sens de l'art. 8.

Les observations présentées par le rapporteur attestent bien l'importance que l'on a attachée à l'entremise du ministère public dans l'intérêt de l'indigent; mais elles n'indiquent nullement que l'on ait voulu subordonner à cette condition le droit qui appartient au bureau de statuer sur une demande d'assistance.

Nous pensons donc que si, en général, les demandes de cette nature doivent être adressées au procureur de la République, il n'est pas interdit aux membres du bureau d'en recevoir directement, sauf à en donner avis au ministère public. Ce mode ne pourra toutefois être employé qu'exceptionnellement et à la condition que les membres du parquet ne s'y opposent pas; autrement ce serait une cause de mésintelligence dont la marche des affaires aurait à souffrir.

§ 4. Le bureau établi près du tribunal, qui doit connaître du procès, est *seul compétent* pour statuer

« Si la personne qui réclame l'assistance est
« défenderesse, elle ne peut s'en plaindre, car
« alors le bureau est presque toujours celui de son
« domicile. Si, au contraire, elle est demande-
« resse, il serait injuste que la décision fût rendue
« par le bureau de son domicile, au lieu de l'être
« par le bureau du domicile du défendeur ; car ce-
« lui-ci a la faculté de comparaître devant le bu-
« reau pour combattre la demande en assistance.
« S'il veut user de cette faculté, il ne faut pas qu'il
« soit obligé à un déplacement long et coûteux,
« ce qui aurait lieu s'il devait se transporter dans
« le pays où son adversaire est domicilié. Ce serait
« contrevenir à la maxime que le défendeur ne
« doit pas être distrait de ses juges naturels. » (R.)

§ 5. Cependant c'est toujours au procureur de la République près le tribunal de son domicile que l'indigent doit, dans le principe, adresser sa demande d'assistance, et le bureau établi près ce tribunal est saisi de la demande, alors même qu'il ne lui appartiendrait pas d'y statuer. Il est chargé, en pareil cas, de l'instruction préliminaire.

On a reconnu que l'indigent ne pouvait être astreint à faire un voyage pour obtenir justice dans un arrondissement plus ou moins éloigné du sien,

et que la correspondance qui serait nécessaire s'il
devait s'adresser au bureau d'assistance établi dans
cet arrondissement, entraînerait des difficultés et
serait souvent insuffisante.

« Il y a un très-grand avantage, même sous le
« rapport de l'économie du temps, à faire l'instruc-
« tion préliminaire dans le lieu où réside le de-
« mandeur en assistance. Il s'établit entre lui et
« le bureau des communications verbales qui, en
« quelques instants, produisent plus de fruit que
« ne pourraient le faire une multitude de let-
« tres. » (R.)

§ 6. « C'est ainsi qu'il faut procéder, lorsque
« l'assistance est réclamée *pour la première fois,*
« dans une affaire, soit qu'il s'agisse de plaider en
« première instance, soit qu'il s'agisse d'un appel
« ou d'un pourvoi en cassation...

« Dans une affaire compliquée, un indigent qui,
« à coup sûr, n'est pas légiste et qui souvent man-
« que absolument d'instruction, ne sait pas quelle
« voie il faut prendre : est-ce celle de l'*opposition,*
« celle de l'*appel,* celle de la *requête civile,* celle du
« *pourvoi en cassation?* Ne vaut-il pas mieux, au
« contraire, respecter la décision rendue et inten-
« ter une action nouvelle? L'indigent ignore toutes
« ces choses ; il s'adresse au bureau de son domi-
« cile ; il lui demande conseil ; il y trouve plus

« d'intérêt que partout ailleurs, parce qu'on le
« connaît et qu'on est touché de sa situation ; on
« lui indique ce qu'il faut faire, et l'on envoie les
« pièces au bureau compétent pour statuer sur la
« demande d'assistance, eu égard à la voie qu'il
« convient de prendre. » (R.)

§ 6. « Il en est autrement, lorsque l'assistance
« a été déjà accordée dans l'instance qui a existé
« devant la juridiction inférieure. Alors la question
« d'indigence est éclaircie ; et, de plus, l'indigent
« a été pourvu d'un avoué et d'un avocat, auprès
« desquels il peut trouver de bonnes directions. Si
« donc il a perdu son procès et qu'il ait l'intention
« d'appeler ou de se pourvoir en cassation, il n'y a
« pas de raison pour que le bureau établi près de la
« Cour d'appel ou près de la Cour de cassation ne
« soit pas directement saisi. C'est à ce cas que s'ap-
« plique le dernier paragraphe de l'art. 9. » (R.)

§ 7. Le bureau du domicile peut entendre les
parties, même lorsqu'il n'est pas compétent pour
statuer sur la question d'assistance ; mais c'est à
la condition que l'adversaire de l'indigent ne demeure pas trop loin et qu'il consente à se rendre
devant ce bureau. Au surplus, à défaut d'explications verbales il en peut être donné par écrit, et
l'on devra évidemment les examiner avec soin et
les joindre au dossier.

Le bureau compétent conserve en tous cas le droit d'entendre l'adversaire de l'indigent, et d'essayer de nouveau la voie de la conciliation. (Voir art. 11.)

ART. **9**. Si la juridiction devant laquelle l'assistance judiciaire a été admise se déclare incompétente, et que, par suite de cette décision, l'affaire soit portée devant une autre juridiction de même nature et de même ordre, le bénéfice de l'assistance subsiste devant cette dernière juridiction.

Celui qui a été admis à l'assistance judiciaire devant une première juridiction continue à en jouir sur l'appel interjeté contre lui dans le cas même où il se rendrait incidemment appelant. Il continue pareillement à en jouir sur le pourvoi en cassation formé contre lui.

Lorsque c'est l'assisté qui émet un appel principal ou qui forme un pourvoi en cassation, il ne peut, sur cet appel ou sur ce pourvoi, jouir de l'assistance, qu'autant qu'il y est admis par une décision nouvelle. Pour y parvenir, il doit adresser sa demande, savoir :

S'il s'agit d'un appel à porter devant le tribunal civil, au procureur de la République près ce tribunal;

S'il s'agit d'un appel à porter devant la Cour d'appel, au procureur général près cette Cour;

S'il s'agit d'un pourvoi en cassation, au procureur général près la Cour de cassation.

Le magistrat auquel la demande est adressée en fait la remise au bureau compétent.

§ 1ᵉʳ. « Une personne a été admise à l'assistance, l'action est intentée; un déclinatoire « est proposé et admis; puis la cause est portée

« devant une autre juridiction de même nature
« et de même ordre ; faudra-t-il une nouvelle
« décision pour que la personne qui avait obtenu
« le bénéfice de l'assistance continue d'en jouir ?
« Non, parce que la cause n'a pas changé de face.

  « Il en serait autrement si, par suite de la dé-
« claration d'incompétence, l'affaire se trouvait
« dévolue à une juridiction d'une autre nature ou
« d'un autre ordre, parce qu'alors la différence
« de la juridiction pourrait influer sur la solution
« probable de la question du fond. On sait, par
« exemple, que, lorsque la justice ordinaire se
« déclare incompétente, en reconnaissant que la
« contestation est du ressort du contentieux ad-
« ministratif, les chances du procès sont loin de
« rester les mêmes. Les frais varient aussi beau-
« coup selon les diverses espèces de juridiction.
« La question de savoir s'il y a lieu d'accorder
« l'assistance doit donc, dans ce dernier cas, être
« examinée de nouveau. » (R.)

§ 2. « Lorsque l'assisté sera intimé sur un appel
« principal, il conservera le bénéfice de l'assis-
« tance, même à l'égard de l'appel incident qu'il
« pourrait interjeter. L'appel incident n'augmente
« que très-peu les frais : il arrive souvent que
« l'appel principal le rend nécessaire ; il peut,
« d'ailleurs, être émis, en tout état de cause,

« même au moment où l'affaire est sur le point
« d'être jugée. » (R.)

§ 3. Dans les différents cas où la décision portant admission à l'assistance doit conserver son
effet devant une autre juridiction, il sera nécessaire de la faire connaître aux magistrats et aux
receveurs de l'enregistrement, ainsi qu'il est dit
article 13.

§ 4. Si c'est l'assisté qui interjette appel ou qui
se pourvoit en cassation, il doit, pour continuer
à jouir de l'assistance, adresser une demande dans
ce sens au parquet de la juridiction compétente.

« L'article 8 concerne l'individu qui n'a pas en-
« core été admis à l'assistance, et l'article 9 celui
« qui y ayant été déjà admis veut procéder devant
« une juridiction supérieure. » (R.)

ART. **10.** Quiconque demande à être admis à l'assistance
judiciaire doit fournir :

1° Un extrait du rôle de ses contributions, ou un certificat
du percepteur de son domicile, constatant qu'il n'est pas im-
posé ;

2° Une déclaration attestant qu'il est, à raison de son indigence, dans l'impossibilité d'exercer ses droits en justice,
et contenant l'énumération détaillée de ses moyens d'existence,
quels qu'ils soient.

Le réclamant affirme la sincérité de sa déclaration devant
le maire de la commune de son domicile ; le maire lui en donne
acte au bas de la déclaration.

§ 1er. On a reconnu dans la discussion qui a eu lieu au conseil d'Etat que l'assistance judiciaire ne pouvait être demandée que par les particuliers et jamais par les communes, ni par les établissements de bienfaisance. La commission de l'Assemblée nationale s'est prononcée dans le même sens.

§ 2. Mais les dispositions de la loi « embrassent « le cas où l'individu qui réclame l'assistance est « défendeur, aussi bien que celui où il est deman- « deur. » (R.)

§ 3. La cour de cassation a décidé par deux arrêts des 15 juin 1836 et 19 août 1837 que l'état de faillite ne dispensait pas de produire un certificat d'indigence pour être exempté de consigner l'amende ; évidemment l'état de faillite ne suffirait pas davantage pour obtenir l'assistance judiciaire, mais nous pensons qu'il ne saurait être considéré comme devant empêcher que l'assistance ne soit accordée au failli dans les cas rares où il aurait personnellement une action à suivre en justice. Sa position et le mérite de sa demande seront alors appréciés par le bureau d'assistance.

Il n'en peut être de même pour la masse des créanciers représentée par les syndics. L'art. 461 du Code de commerce, modifié par la loi du 28 mai 1838, a suffisamment pourvu aux intérêts des créanciers en chargeant le trésor de faire au besoin l'avance des premiers frais.

§ 4. On n'a pas cru devoir reproduire la disposition de l'art. 420 du Code d'instruction criminelle qui, en matière de consignation d'amende pour se pourvoir en cassation, ne considère comme indigent que ceux qui payent moins de *six francs* de contributions. « Il y a une infinité de contri- « buables portés au rôle pour 6 fr. et plus qui ne « pourraient pas payer les frais d'un procès. » (R.) (Voir art. 11 et le Commentaire, § 2.)

§ 5. Il n'y a pas de *certificat d'indigence* à produire pour obtenir le bénéfice de la loi. C'est le réclamant qui fait lui-même sa déclaration à cet égard, *soit par écrit, soit verbalement* devant le maire. La loi lui prescrit de faire l'énumération détaillée de ses moyens d'existence ; il devra y ajouter celle de ses charges de famille. C'est le corrélatif.

Pour faire bien comprendre à ceux qui voudraient faire croire à un état d'indigence dont ils n'auraient pas réellement à se plaindre quelles peuvent être pour eux les conséquences de cette fraude, nous voudrions qu'au moment où sera faite la déclaration exigée par la loi, le maire eût soin de rappeler au réclamant les pénalités établies par l'art. 26.

§ 6. Les pièces exigées par l'art. 10 doivent

évidemment, à raison de leur nature et du but que se propose la loi , être exemptes du timbre et de l'enregistrement.

Art. 11. Le bureau prend toutes les informations nécessaires pour s'éclairer sur l'indigence du demandeur , si l'instruction déjà faite par le bureau du domicile du demandeur, dans le cas prévu par l'art. 8 , ne lui fournit pas à cet égard des documents suffisants.

Il donne avis à la partie adverse qu'elle peut se présenter devant lui, soit pour contester l'indigence , soit pour fournir des explications sur le fond.

Si elle comparaît , le bureau emploie ses bons offices pour opérer un arrangement amiable.

§ 1er. On voit que si le bureau qui doit statuer sur la demande d'assistance n'est pas celui à qui elle a été adressée dès le principe, il peut au besoin compléter l'instruction de l'affaire.

§ 2. Pour avoir droit au bénéfice de la loi, il n'est pas nécessaire que l'indigence soit *absolue* ; il suffit qu'elle soit *relative*.

« Cette opinion s'appuie sur la nature même de
« l'assistance judiciaire. Le but de cette assistance
« est de rendre possible une réclamation à laquelle
« le défaut de moyens pécuniaires de l'homme qui
« a droit de la former mettrait un obstacle insur-
« montable. Or, les frais de justice varient selon
« le genre et les circonstances des procès ; une
« affaire ordinaire, par exemple, coûte beaucoup

« plus qu'une affaire sommaire. Ainsi, tel individu
« qui peut faire face aux dépenses qu'entraîne une
« cause de cette dernière espèce, est hors d'état
« de subvenir à ceux auxquels donne lieu une
« cause de la première; on doit donc le considérer
« comme indigent relativement à celle-ci, tandis
« qu'il ne l'est pas relativement à celle-là. L'indi-
« gence judiciaire n'est autre chose que l'impossi-
« bilité de faire valoir son droit devant les tribu-
« naux, et, par conséquent, elle est *relative*..... La
« question d'indigence doit être pour le bureau
« une question d'appréciation; c'est en comparant
« les moyens pécuniaires de la personne qui ré-
« clame l'assistance avec les frais présumés du li-
« tige, qu'il résoudra cette question. » (R.)

§ 3. Le projet du gouvernement (art. 8 et 9),
substituait le bureau d'assistance au juge de paix, en
lui donnant pour mission officielle la *conciliation
des parties*.

Partant de ce principe que la loi ne doit rien
changer aux attributions des magistrats ni à la
marche de la procédure, on a pensé que, s'il était
utile d'autoriser formellement le bureau à employer ses bons offices pour opérer un arrangement amiable, il fallait réserver au juge de paix
le caractère légal de conciliateur.

« Il n'y a donc ni procès-verbal de conciliation

« à dresser, ni mention de non-conciliation à faire
« dans la décision. Si les parties s'accordent, le
« bureau peut ou s'occuper de la rédaction d'une
« transaction, dans le cas où elles en exprimeraient
« le désir, ou les inviter à se retirer à cet effet chez
« un notaire. La loi n'a rien à prescrire à ce sujet,
« parce que le bureau ne peut agir en pareil cas que
« comme conseil ou intermédiaire bénévole. » (*Id.*)

En donnant cette explication, l'honorable rapporteur a cru devoir ajouter : « Nous nous sommes
« bòrnés à dire : le bureau donne avis à la partie
« adverse qu'elle *peut se présenter devant lui*, afin
« de faire bien comprendre que ce n'est là, pour
« la partie adverse, qu'une faculté, et non une
« obligation légale, ni même *morale*. »

N'est-ce pas aller trop loin, et, dans bien des
cas, au contraire, l'adversaire de l'indigent ne
devra-t-il pas se croire *moralement* obligé de se
rendre auprès du bureau d'assistance, soit pour lui
donner des explications et le mettre à même de
statuer en pleine connaissance de cause, soit pour
se prêter à un arrangement, s'il y a lieu.

On serait peut-être fondé à dire ici qu'il n'appartient pas au législateur de limiter les devoirs
qui prennent exclusivement leur source dans la
conscience, et que l'homme de bien trouve souvent
une obligation à remplir là où la loi n'a voulu lui
en imposer aucune.

Il y a lieu, au surplus, de répéter, au sujet de cette disposition, qu'à défaut d'explications verbales il en peut être donné par écrit. (Voir art. 8, *Comment.*, § 7.)

Nous regrettons que l'on n'ait pas confié aux bureaux d'assistance, comme le proposait le gouvernement, le soin de procéder à la conciliation juridique. Ces bureaux sont organisés de manière à inspirer une égale confiance aux deux parties, et les juges de paix ont assez d'autres attributions pour qu'on eût pu leur éviter d'intervenir comme conciliateurs, alors que déjà une tentative d'arrangement aura échoué. Il y a là, selon nous, une complication inutile dont le seul résultat sera de retarder la marche des affaires.

Quoiqu'il en soit, ce qui vient d'être dit indique suffisamment que dans tous les cas où le préliminaire de conciliation est exigé, l'assisté y reste soumis.

ART. **12**. Les décisions du bureau ne contiennent que l'exposé sommaire des faits et des moyens, et la déclaration que l'assistance est accordée ou qu'elle est refusée, sans expression de motifs dans l'un ni dans l'autre cas.

Les décisions du bureau ne sont susceptibles d'aucun recours.

Néanmoins, le procureur général, après avoir pris communication de la décision d'un bureau établi près d'un tribunal civil et des pièces à l'appui, peut, sans retard de l'instruction ni du jugement, déférer cette décision au bureau établi près la Cour d'appel, pour être réformé, s'il y a lieu.

Le procureur général près la Cour de cassation, et le procureur général près la Cour d'appel, peuvent aussi se faire envoyer les décisions des bureaux d'assistance qui ont été rendues dans une affaire sur laquelle le bureau d'assistance établi près de l'une ou de l'autre de ces Cours est appelé à statuer, si ce dernier bureau en fait la demande.

Hors les cas prévus par les deux paragraphes précédents, les décisions du bureau ne peuvent être communiquées qu'au procureur de la République, à la personne qui a demandé l'assistance, et à ses conseils; le tout sans déplacement.

Elles ne peuvent être produites ni discutées en justice, si ce n'est devant la police correctionnelle, dans le cas prévu par l'art. 26 de la présente loi.

§ 1er. Le projet du gouvernement portait : « Le « bureau *examine sommairement l'affaire.* » On n'a pas cru devoir maintenir cette rédaction. L'examen ne doit pas être sommaire, a dit M. de Vatimesnil, il doit être fait avec la maturité convenable; si, en s'exprimant ainsi, on a voulu dire que le bureau n'était pas juge du fond, cette pensée est juste, mais elle ressort clairement de l'ensemble du projet de loi et de la nature même des choses.

« Toutefois, si la loi se bornait à dire que les « décisions *ne sont pas motivées,* elle ne ferait pas « assez pour l'intérêt légitime du demandeur en « assistance. La plupart des bureaux en conclu- « raient que la décision ne doit consister que dans « ces mots : l'*assistance est accordée...* ou l'*assistance* « *est refusée.* Alors le travail tout entier du bureau « d'assistance serait perdu pour le réclamant. Ce-

« pendant ce travail peut être fort utile. En géné-
« ral, le bureau, avant de prononcer, aura entendu
« les explications du demandeur en assistance,
« souvent même il aura recueilli des renseigne-
« ments auprès des tierces personnes ; si la partie
« adverse a comparu devant lui, il aura pris con-
« naissance de ses moyens de défense ; il aura
« peut-être vu les pièces qu'elle peut opposer à la
« prétention élevée contre elle ; enfin, il aura étu-
« dié l'affaire sous le rapport du droit et de la ju-
« risprudence. S'il ne restait pas de traces de
« toutes ces notions utiles que le bureau aura or-
« dinairement acquises, il faudrait le regretter.
« En cas d'admission de la demande en assistance,
« le travail du bureau peut servir à éclairer l'avo-
« cat et l'avoué de l'assisté, et, par conséquent, à
« rendre plus nette et plus précise la discussion
« de l'affaire devant le tribunal. En cas de rejet
« de cette demande, il est bon que l'assisté con-
« naisse ce travail, qui contribuera souvent à dis-
« siper les illusions funestes qu'il se fait sur sa
« cause. Nous ajouterons que l'obligation imposée
« par la loi au bureau de se livrer à la rédaction
« dont il s'agit, l'amènera nécessairement à exami-
« ner la cause d'une manière plus approfondie. Vo-
« tre commission pense donc que l'avis du bureau
« doit présenter un exposé sommaire de la cause,
« comme celui que ferait un rapporteur. » (R.)

§ 2. Il est bien certainement dans l'esprit de la loi du **22** janvier, que les séances des bureaux d'assistance judiciaire ne soient pas *publiques*; peut-être aurait-il fallu néanmoins le déclarer formellement pour éviter toute incertitude à cet égard.

La publicité en pareille matière n'aurait que des inconvénients; elle serait d'ailleurs à peu près incompatible avec les opérations de ces bureaux. Ce n'est pas lorsqu'on examine des pièces, lorsqu'on demande des explications aux parties sur leurs moyens d'existence, ou lorsqu'on cherche à opérer entre elles un arrangement amiable, qu'il peut être utile de procéder en présence du public.

§ 3. Les bureaux d'assistance ne constituent pas à proprement parler une juridiction. Leurs fonctions sont principalement administratives, et par conséquent les décisions qui émaneront d'eux ne devront pas être considérées comme de véritables jugements. Ne faut-il pas en conclure qu'ils pourraient les rapporter ultérieurement sans illégalité?

L'affirmative n'est pas douteuse en ce qui concerne le *retrait de l'assistance.* Les art. 21 et suivants en font foi.

Le même droit semble devoir exister dans le cas où l'assistance aurait été refusée; mais on sera obligé de le limiter étroitement, sinon il n'y aurait jamais rien de définitif, et les demandes se renouvelleraient sans cesse. Les bureaux sentiront la nécessité d'adopter, comme règle générale, la disposition de l'art. 1351 du Code civil, relatif à l'autorité de la chose jugée, et de ne revenir sur leur décision que dans le cas où l'état des choses aura réellement changé, par exemple, lorsque, par suite de nouvelles constatations, ou d'événements postérieurs à la première demande, l'indigence sera positivement démontrée, ou que les prétentions du réclamant se trouveront mieux fondées,

Nous ajouterons que s'il est désirable de ne voir jamais repousser sans motifs légitimes les demandes d'assistance, il ne l'est pas moins, dans l'intérêt même de l'institution, que ces demandes ne soient jamais accueillies inconsidérément.

§ 4. « Il est possible que, dans certains bu-
« reaux, il se manifeste des tendances contraires
« à l'esprit de la loi ; que les demandes à fin d'as-
« sistance soient accueillies trop facilement ou re-
« poussées mal à propos. Dans ces cas le procu-
« reur général aura un moyen d'obtenir le redres-
« sement des erreurs commises, et de faire rentrer
« dans la bonne voie le bureau qui s'en serait
« écarté. » (R.)

Les parquets n'useront de cette faculté qu'avec une grande réserve, on peut en être assuré, mais elle leur appartient, *soit que l'assistance ait été accordée, soit qu'elle ait été refusée.*

§ 5. La loi a indiqué avec soin dans quels cas, à qui et comment pourront être communiquées les décisions du bureau :

« Le but de cet ensemble de dispositions est « d'empêcher que la décision du bureau ne de- « vienne le sujet d'un débat à l'audience entre « l'assisté et son adversaire, et que le tribunal ne « se la fasse apporter dans la chambre du conseil. « Il ne faut pas que l'autorité du bureau puisse faire « pencher la balance de la justice en faveur de « l'assisté; il ne faut pas même qu'on puisse le « croire ou le soupçonner. Si la décision contient « des observations de fait ou de droit qui puissent « être utiles à la cause de l'assisté, l'avocat de ce « dernier en profitera; mais il les présentera « comme si elles émanaient de lui-même. » (R.)

§ 6. Ce que nous avons dit, relativement à l'exemption du timbre et de l'enregistrement pour les pièces produites à l'appui des demandes d'assistance, s'applique avec la même évidence aux décisions des bureaux et à leurs registres. (Voir art. 8, *Comment.*, § 1ᵉʳ et art. 10, *Comment.*, § 6.)

CHAPITRE II.

DES EFFETS DE L'ASSISTANCE JUDICIAIRE.

ART. **13**. Dans les trois jours de l'admission à l'assistance judiciaire, le président du bureau envoie, par l'intermédiaire du procureur de la République, au président de la Cour ou du tribunal, ou au juge de paix, un extrait de la décision, portant seulement que l'assistance est accordée; il y joint les pièces de l'affaire.

Si la cause est portée devant une Cour ou un tribunal civil, le président invite le bâtonnier de l'ordre des avocats, le président de la chambre des avoués et le syndic des huissiers, à désigner l'avocat, l'avoué et l'huissier qui prêteront leur ministère à l'assisté.

S'il n'existe pas de bâtonnier, ou s'il n'y a pas de chambre de discipline des avoués, la désignation est faite par le président du tribunal.

Si la cause est portée devant un tribunal de commerce ou devant un juge de paix, le président du tribunal ou le juge de paix se borne à inviter le syndic des huissiers à désigner un huissier.

Dans le même délai de trois jours, le secrétaire du bureau envoie un extrait de la décision au receveur de l'enregistrement.

§ 1er. La rédaction du premier paragraphe de cet article ne paraît pas entièrement exacte, en ce sens que, lorsqu'il s'agira de saisir une Cour d'appel, la transmission des pièces devra être faite, non par l'intermédiaire du procureur de la République, mais par celui du procureur général. Les choses se passeront probablement ainsi dans la pratique.

§ 2. En parlant de la réquisition qui doit être adressée au bâtonnier des avocats, au président de la Chambre des avoués et au syndic des huissiers, il a paru plus convenable de se servir du mot *invité* que du mot *enjoint* qui se trouvait dans le projet du gouvernement ; mais l'idée est restée la même, il n'y a pas moins obligation d'obtempérer, sous peine d'encourir des poursuites disciplinaires.

§ 3. La désignation d'un avocat ou d'un avoué par le président rentre dans la classe des ordonnances de référé qui, aux termes de l'art. 809 du Code de procédure, ne sont pas susceptibles d'opposition, et ne peuvent être annulées par le tribunal auquel appartient le magistrat duquel elles émanent. (Cass., 13 février 1839.)

§ 4. Antérieurement à la loi actuelle, la Cour de cassation avait également décidé, par un arrêt de rejet du 6 janvier 1840, que la Chambre des avoués et le président de la Cour d'appel pouvaient refuser de nommer un avoué d'office au plaideur indigent qui voulait appeler d'un jugement, si ses prétentions ne paraissaient pas fondées. Il n'en saurait être de même aujourd'hui, dès que l'assistance aura été accordée.

§ 5. « Lorsque l'affaire est portée devant un « juge de paix ou un tribunal de commerce, la dé- « signation d'un avocat n'est pas nécessaire. Il « suffit en général que la partie se présente elle- « même à l'audience. Si, par exception, la cause « offrait des difficultés telles que le ministère d'un « avocat fût nécessaire, ce ne serait certainement « pas en vain que l'assisté s'adresserait au bâton- « nier de l'ordre. » (R.)

§ 6. Pour la constatation de la décision du bureau d'assistance, en ce qui concerne les préposés de l'enregistrement, voir art. 14, *Comment.*, § 5.

ART. **14**. L'assisté est dispensé provisoirement du paiement des sommes dues au Trésor pour droits de timbre, d'enregistrement et de greffe, ainsi que de toute consignation d'amende.

Il est aussi dispensé provisoirement du paiement des sommes dues aux greffiers, aux officiers ministériels et aux avocats, pour droits, émoluments et honoraires.

Les actes de la procédure faite à la requête de l'assisté sont visés pour timbre et enregistrés en débet. Le visa pour timbre est donné sur l'original au moment de son enregistrement.

Les actes et titres produits par l'assisté, pour justifier de ses droits et qualités, sont pareillement visés pour timbre et enregistrés en débet.

Si ces actes et titres sont du nombre de ceux dont les lois ordonnent l'enregistrement dans un délai déterminé, les droits d'enregistrement deviennent exigibles immédiatement après le jugement définitif; il en est de même des sommes dues pour contravention aux lois sur le timbre.

Si ces actes et titres ne sont pas du nombre de ceux dont les lois ordonnent l'enregistrement dans un délai déterminé, les droits d'enregistrement de ces actes et titres sont assimilés à ceux des actes de la procédure.

Le visa pour timbre et l'enregistrement en débet doivent mentionner la date de la décision qui admet au bénéfice de l'assistance ; ils n'ont d'effet, quant aux actes et titres produits par l'assisté, que pour le procès dans lequel la production a eu lieu.

Les frais de transport des juges, des officiers ministériels et des experts, les honoraires de ces derniers et les taxes des témoins dont l'audition a été autorisée par le tribunal ou le juge-commissaire, sont avancés par le Trésor, conformément à l'art. 118 du décret du 18 janvier 1811. Le paragraphe 5 du présent article s'applique au recouvrement de ces avances.

§ 1er Voilà en réalité la disposition la plus importante de la loi, car elle tend à faire disparaître l'obstacle principal que rencontre l'indigent pour faire valoir ses droits en justice.

Les immunités qu'elle accorde sont de deux sortes.

Les unes conservent leur effet *tant que l'assistance n'est pas retirée.*

Les autres cessent dès que le jugement définitif est rendu. (Voir notre introduction.)

§ 2. En règle générale la loi ne veut pas qu'après que l'affaire est terminée, l'assisté puisse être tenu d'acquitter les droits du fisc et de payer les honoraires ou émoluments des officiers ministériels pour les actes qui ont été faits à sa requête.

« L'assisté est non-seulement un homme pau-
« vre, mais presque toujours un homme peu ins-
« truit et incapable d'apprécier son affaire sous
« le point de vue du droit et des chances de suc-
« cès qu'elle peut présenter. Il s'adresse au bureau
« comme à un conseil; le bureau lui déclare que
« sa cause offre des apparences favorables, et
« c'est sur la foi de cet avis qu'il s'engage dans
« le procès. L'équité permet-elle que, plus tard,
« et après qu'il a succombé dans la contestation,
« le trésor vienne réclamer contre lui les droits
« de timbre, d'enregistrement et autres de même
« nature, auxquels le litige a donné lieu ? La pro-
« tection de la loi ne doit pas ainsi tourner con-
« tre l'assisté, et il n'est pas raisonnable que le
« trésor recueille, à son détriment, une sorte de
« bénéfice, en le forçant à payer un impôt pour
« des actes judiciaires qui, très-probablement,
« n'auraient pas été faits si l'assistance ne lui eût
« pas été accordée, puisqu'alors, selon toute vrai-
« semblance, il n'y aurait pas eu de procès. » (R.)

Quant aux officiers ministériels, on ne fait ici que consacrer un usage déjà établi en vertu de l'arrêté du 13 frimaire an XI. Vainement dirait-on qu'il n'est pas juste de les obliger à donner gratuitement leur temps et leurs soins aux affaires d'autrui :

« La réponse est que les officiers ministériels
« sont investis de priviléges qui, sans doute, ont
« été créés dans des vues d'intérêt public et pour
« satisfaire à des besoins sociaux, mais qui, en
« même temps, constituent pour eux une pro-
« fession lucrative; que la loi peut mettre des
« conditions à l'exercice de ces priviléges; et qu'au
« surplus aucun de ces officiers ne se plaindra
« d'une condition qui consiste à l'associer à une
« œuvre de justice, de bienfaisance et d'huma-
« nité. » (R.)

§ 3. « Mais, à l'égard des actes dont la loi exige
« l'enregistrement dans un délai déterminé, le
« droit était acquis au trésor indépendamment
« du procès; et lors même qu'il n'aurait été fait
« aucun usage de ces actes, il ne doit donc pas
« y renoncer, il doit seulement en ajourner la per-
« ception jusqu'à la fin du litige.

« Une observation semblable s'applique aux
« amendes pour infraction aux lois sur le timbre.

« De même, si le trésor a fait l'avance des taxes
« des témoins ou des honoraires des experts, il doit
« être admis à en répéter le montant. De telles
« avances ont le caractère d'un prêt fait à l'assisté;
« et celui-ci doit employer ses ressources, quel-

« que faibles qu'elles soient, à en rendre le mon-
« tant. Le système contraire aurait d'ailleurs l'in-
« convénient d'exciter l'assisté à faire entendre
« dans les enquêtes un trop grand nombre de té-
« moins et à requérir trop facilement des exper-
« tises. On mettra un frein à ces abus en laissant
« définitivement à la charge de l'assisté, s'il perd
« son procès, les dépenses dont il s'agit. » (R.)

§ 4. Le visa pour timbre doit être donné sur
l'*original* des actes de la procédure. Le nombre des
feuilles employées aux copies sera facile à connaître, en ce qui concerne les actes des huissiers,
si ces officiers ministériels se conforment aux prescription des art. 67, Code de procédure, et 48,
décr. 14 juin 1813.

§ 5. « Le mot *transport* qui se trouve dans le
« dernier paragraphe de l'article ci-dessus, s'ap-
« plique aux voyages des huissiers aussi bien qu'au
« déplacement des magistrats. » (R.)

§ 6. Le projet du gouvernement portait :
« Après l'ouverture de l'instance, dans le cas
« de transaction ou de désistement, tous les frais
« déjà faits deviennent exigibles. »
On a jugé convenable de supprimer ce paragraphe.
« L'effet de cette disposition serait de détour-

« ner l'assisté de transiger et de se désister. Son
« intérêt le pousserait à persister dans le procès.
« Or, il ne paraît conforme ni à l'équité ni
« à l'intérêt public, ni à celui des deux parties,
« de mettre obstacle, soit à une transaction, lors-
« que l'instruction ou les débats oraux établissent
« que la solution est douteuse, soit à un désiste-
« ment, lorsqu'il est prouvé, par la production
« d'une pièce ou par toute autre circonstance,
« que la prétention de l'assisté est dénuée de fon-
« dement. » (R.)

§ 7. Comment les préposés de l'enregistrement connaîtront - ils la décision du bureau d'assistance, pour l'exécuter en ce qui les concerne ?

Il nous semble que la présence de l'un d'entre eux dans le sein du bureau d'assistance ne suffit pas, et qu'un extrait de la décision qui accorde l'assistance devra être remis ou envoyé au directeur de l'enregistrement.

En tous cas, l'article 13 veut que le président de la cour ou du tribunal reçoive un semblable extrait. Ce magistrat devra le transcrire dans l'invitation *écrite* qu'il adressera à la chambre des avoués et au syndic des huissiers ou dans les désignations qu'il fera lui-même. L'officier ministériel désigné sera ainsi en mesure de constater, par un acte empreint du caractère de l'authenticité, la décision du bureau d'assistance légalement obligatoire pour les agents du Trésor.

§ 8. Dans le *Bulletin des lois* les deux phrases qui forment le troisième paragraphe de l'article ci-dessus ont été séparées, contrairement à l'intention des rédacteurs de la loi, ce qui rend inexact le renvoi que contient la dernière disposition de cet article et ceux des articles 18 et 19. Nous avons fait disparaître cette erreur d'après les indications que donne, à cet égard, le *Moniteur* du 23 janvier 1851, p. 232, col. 2. Les renvois aux paragraphes 5 et 8 sont exacts dans notre texte ; dans celui du *Bulletin des lois* ces renvois se réfèrent en réalité aux paragraphes 6 et 9.

ART. **15**. Le ministère public est entendu dans toutes les affaires dans lesquelles l'une des parties a été admise au bénéfice de l'assistance.

Cette disposition complète les garanties assurées par la loi aux indigents, à leurs adversaires et au Trésor public.

ART. **16**. Les notaires, greffiers et tous autres dépositaires publics ne sont tenus à la délivrance gratuite des actes et expéditions réclamés par l'assisté que sur une ordonnance du juge de paix ou du président.

§ 1er. Il ne faut pas conclure des termes de l'article qu'on puisse indifféremment s'adresser à l'un ou à l'autre de ces magistrats. Nous pensons que le droit de statuer, en pareil cas, appartient exclusivement soit au juge de paix , soit au président de la Cour ou du tribunal qui doit connaître de l'affaire.

Il ne peut, selon nous, y avoir de doute à cet égard que relativement aux tribunaux de commerce qui n'ont pas la plénitude de juridiction et ne peuvent statuer sur une demande non commerciale. Les principes admis sur la compétence de ces tribunaux nous semblent exiger que, pour les affaires qui seront portées devant eux, on s'adresse, dans le cas prévu par l'article ci-dessus, au président du tribunal de première instance , dans le ressort duquel se trouvera l'officier public appelé à délivrer l'acte. (Arg., art. 553, Cod. de proc.)

§ 2. On n'a pas voulu que l'avoué ou l'huissier chargé des intérêts de l'indigent, ou l'indigent lui-même, pût, par le fait seul de sa volonté et quelquefois fort indiscrètement, obliger un notaire ou un greffier à délivrer *gratis* un acte ou une expédition.

Si le magistrat, auquel on devra s'adresser, refuse d'ordonner cette délivrance, on pourra, en supposant que son refus ne soit pas fondé, interjeter appel de sa décision comme en matière de référé.

Rien n'empêchera, du reste, de s'adresser de suite au notaire et au greffier pour obtenir bénévolement l'acte nécessaire. C'est ce que devra faire le bureau d'assistance, par l'intermédiaire du procureur de la République, lorsque pour apprécier les droits de l'indigent, et avant de prendre une décision sur la demande d'assistance, il aura besoin d'obtenir certains actes.

ART. **17**. En cas de condamnation aux dépens prononcée contre l'adversaire de l'assisté, la taxe comprend tous les droits, frais de toute nature, honoraires et émoluments auxquels l'assisté aurait été tenu, s'il n'y avait pas eu assistance judiciaire.

« L'assistance ne doit rien changer à la situa-
« tion de la partie adverse de l'assisté. En appli-
« quant ce principe aux dépens, on trouve que
« cette partie adverse, si elle est condamnée, doit
« payer les dépens, comme s'il n'y avait pas eu
« d'assistance ; de même que, dans le cas où elle
« obtient gain de cause, ses droits contre l'as-
« sisté, relativement aux dépens, sont exactement
« ce qu'ils auraient été, si celui-ci n'avait pas été
« admis au bénéfice de l'assistance. » (R.)

ART. **18**. Dans le cas prévu par l'article précédent, la condamnation est prononcée et l'exécutoire est délivré au nom de l'administration de l'enregistrement et des domaines, qui en poursuit le recouvrement comme en matière d'enregistrement.

Il est délivré un exécutoire séparé au nom de l'administration de l'enregistrement et des domaines pour les droits qui, n'étant pas compris dans l'exécutoire délivré contre la partie adverse, restent dus par l'assisté au Trésor, conformément au cinquième paragraphe de l'art. 14.

L'administration de l'enregistrement et des domaines fait immédiatement aux divers ayants-droit la distribution des sommes recouvrées.

La créance du Trésor, pour les avances qu'il a faites, ainsi que pour tous les droits de greffe, d'enregistrement et de timbre, a la préférence sur celle des autres ayants-droit.

§ 1ᵉʳ. On sait comment l'administration de l'enregistrement fait payer les droits et les amendes dont elle est chargée d'assurer le recouvrement. Elle décerne contre le redevable une contrainte qui lui est signifiée après avoir été visée et déclarée exécutoire par le juge de paix du canton où le bureau est établi. L'exécution de cette contrainte ne peut être interrompue que par une opposition formée par le redevable, avec assignation à jour fixe, devant le tribunal civil de l'arrondissement. Loi du 22 frim. an VII, art. 64.

§ 2. En cas d'*appel* interjeté par l'adversaire de l'assisté, l'administration de l'enregistrement devra suspendre ses poursuites, car l'appel est suspensif (art. 457 Cod. de proc.) et, même lorsque l'exécution provisoire a été prononcée, il convient d'attendre pour les dépens la fin du procès.

§ 3. Dans le projet du gouvernement, le dernier paragraphe de cet article portait : « La créance du « Trésor est *privilégiée* pour les avances, etc. » On a cru devoir modifier cette rédaction.

Voilà comment la commission de l'Assemblée nationale s'en est expliquée :

« Nous ne croyons pas que l'intention des ré- « dacteurs de ce projet ait été d'accorder au Tré- « sor un *privilége de créance* de la nature de celui « que la loi du 5 septembre 1807 a établi en ma- « tière de frais de justice criminelle, et il est évi- « dent qu'un tel privilége ne pourrait se justifier. « Ce qu'on a voulu dire, c'est que si l'administra- « tion de l'enregistrement, agissant dans l'intérêt « commun du Trésor et des officiers publics, n'é- « tait parvenue à recouvrer qu'une partie du mon- « tant de l'exécutoire, la créance du Trésor aurait « la préférence sur celle des autres ayants-droit. « Votre commission est d'avis qu'en effet les choses « doivent se passer ainsi ; mais elle pense qu'il faut « l'exprimer plus clairement.

« Il est bien entendu que ce que nous venons de « dire ne préjudicie en rien au privilége établi par « l'art. 76 de la loi du 28 avril 1816 pour les droits « de timbre et d'enregistrement. » (R.)

ART. **19**. En cas de condamnation aux dépens prononcée contre l'assisté, il est procédé, conformément aux règles tracées par l'article précédent, au recouvrement des sommes dues au Trésor en vertu des paragraphes 5 et 8 de l'art. 14.

L'assisté est personnellement tenu de payer ces sommes, quelle que soit l'issue du procès, immédiatement après le payement définitif. Mais en ce qui concerne les avances dont il est fait mention dans le paragraphe 8 de l'art. 14, l'administration de l'enregistrement doit d'abord agir contre l'adversaire de l'assisté lorsqu'il a été condamné aux dépens; ce n'est qu'après avoir reconnu l'insolvabilité de cet adversaire qu'elle peut exercer son recours contre l'assisté. La raison le dit, et nous en trouvons la preuve dans le rapprochement des art. 18 et 19.

Il en est autrement en cas de condamnation aux dépens prononcée contre l'assisté.

ART. 20. Les greffiers sont tenus de transmettre dans le mois, au receveur de l'enregistrement, l'extrait du jugement de condamnation ou l'exécutoire, sous peine de 10 fr. d'amende pour chaque extrait de jugement ou chaque exécutoire non transmis dans ledit délai.

Il fallait aviser à ce que l'administration de l'enregistrement fût toujours mise à même de connaître l'issue du procès et d'agir. Le paiement de l'amende sera poursuivi par voie de contrainte.

CHAPITRE III.

DU RETRAIT DE L'ASSISTANCE JUDICIAIRE.

ART. **21**. Devant toutes les juridictions, le bénéfice de l'assistance peut être retiré en tout état de cause, soit avant, soit même après le jugement :

1° S'il survient à l'assisté des ressources reconnues suffisantes ;

2° S'il a surpris la décision du bureau par une déclaration frauduleuse.

§ 1er. L'assistance peut être retirée, *même après le jugement*. Cette partie de la disposition, a dit M. de Vatimesnil, est facile à justifier... « D'un « côté, le jugement, s'il est favorable à l'assisté, « peut faire cesser son indigence en lui rendant « des ressources *importantes*, et, de l'autre, s'il est « rendu contre lui, il peut fournir la preuve de la « fraude employée pour tromper le bureau. Dans « ces deux hypothèses, il est possible que le juge- « ment devienne une cause légitime de retrait de « l'assistance. » (R.)

§ 2. Pour l'appréciation des ressources surve- nues à l'assisté, il ne faut pas perdre de vue ce qui a été dit relativement à l'appréciation de l'état d'indigence.

Voir art. 11, *Comment.*, § 2.

§ 3. Le projet du gouvernement, en s'expliquant sur la seconde cause du retrait, supposait une déclaration *mensongère*; on a cru devoir y substituer l'expression *frauduleuse*.

« Elle indique qu'il ne suffit pas que l'assisté ait
« induit le bureau en erreur, mais encore qu'il
« faut que ce soit sciemment et de mauvaise foi
« qu'il ait agi. Les plaideurs, surtout ceux qui
« manquent d'instruction (et la plupart des indi-
« gents sont dans ce cas), se font souvent illusion
« sur les droits qu'ils réclament; ils trompent les
« autres parce qu'ils se trompent eux-mêmes, et
« sans qu'il y ait de leur part une intention répré-
« hensible. Votre commission pense que l'assisté
« ne doit encourir le retrait de l'assistance que
« lorsque l'exposé qu'il a fait au bureau, soit de
« sa situation pécuniaire, soit des faits de la cause,
« a été non-seulement inexact, mais encore *frau-
« duleux*. » (R.)

§ 4. Le projet du gouvernement voulait que l'assistance fût également retirée dès que la demande formée par l'assisté serait reconnue mal fondée. On a pensé qu'il n'en devait pas être ainsi.

« Ce serait porter un coup funeste à la cause de
« l'assisté. Lorsqu'on verrait que l'assistance,
« après lui avoir été accordée, lui a été retirée
« sans qu'il y ait eu de changement dans l'état de

« sa fortune, il s'élèverait contre lui un préjugé
« presque insurmontable, et le bienfait qu'il au-
« rait obtenu dans l'origine lui deviendrait fatal.
« Il faut réserver une telle rigueur pour le cas de
« *fraude*, parce qu'alors l'assisté encourt justement
« la peine de sa mauvaise foi. » (R.)

ART. **22**. Le retrait de l'assistance peut être demandé, soit par le ministère public, soit par la partie adverse.

Il peut aussi être prononcé d'office par le bureau.

Dans tous les cas il est motivé.

La décision relative à ce retrait, bien qu'elle puisse être provoquée par le ministère public ou par les parties adverses après que l'instance sera engagée, ne saurait néanmoins émaner que des bureaux d'assistance. La mission de ces bureaux est spéciale ; elle n'appartient qu'à eux, et il ne peut être permis aux tribunaux de se l'approprier, dès que la loi ne les y a pas expressément autorisés. L'administration serait encore moins fondée à s'arroger ce droit. Ce serait méconnaître entièrement le but et la portée de la loi que nous examinons.

ART. **23**. L'assistance judiciaire ne peut être retirée qu'après que l'assisté a été entendu ou mis en demeure de s'expliquer.

Ceci est de toute justice. Il nous semble même

que a bureau d'assistance ne pourrait refuser d'admet e le conseil de l'assisté et de l'entendre, sauf à lim er son intervention à ce qu'exige rigoureuseme t le droit sacré de la défense.

ART. **24**. Le retrait de l'assistance judiciaire a pour effet de rendre immédiatement exigibles les droits, honoraires, émoluments et avances de toute nature, dont l'assisté avait été dispensé.

Dans tous les cas où l'assistance judiciaire est retirée, le secrétaire du bureau est tenu d'en informer immédiatement le receveur de l'enregistrement, qui procédera au recouvrement et à la répartition, suivant les règles tracées en l'art. 18 ci-dessus.

On n'a pas voulu que, dans le cas de retrait, chacun de ceux qui auraient un recouvrement à opérer fût obligé d'agir séparément. C'est encore ici l'administration de l'enregistrement qui doit intervenir dans l'intérêt de tous.

Il est à remarquer qu'en pareil cas le coût des actes et expéditions qui ont été délivrés gratuitement à l'assisté, aux termes de l'art. 16 de la loi, devient exigible comme tous les autres frais dont il a été dispensé, ce qui n'a pas lieu lorsque l'assisté est condamné aux dépens ou lorsque c'est son adversaire qui les paie. (Voir art. 17, 18 et 19).

ART. **25**. L'action tendant au recouvrement de l'exécutoire délivré à la régie de l'enregistrement et des domaines, soit contre l'assisté, soit contre la partie adverse, se prescrit par dix ans.

La prescription de l'action de l'adversaire de l'assisté contre celui-ci, pour les dépens auxquels il a été condamné envers lui, reste soumise au droit commun.

On comprend facilement l'utilité de la première disposition ; la seconde dérive de ce principe, que l'assistance ne change en rien les rapports des parties entre elles.

Art. **26**. Si le retrait de l'assistance a pour cause une déclaration frauduleuse de l'assisté, relativement à son indigence, celui-ci peut, sur l'avis du bureau, être traduit devant le tribunal de police correctionnelle et condamné, indépendamment du paiement des droits et frais de toute nature, dont il avait été dispensé, à une amende égale au montant total de ses droits et frais, sans que cette amende puisse être au-dessous de 100 fr., et à un emprisonnement de huit jours au moins et de six mois au plus.

L'art. 463 du Code pénal est applicable.

§ 1ᵉʳ. On n'a voulu imprimer à la déclaration frauduleuse le caractère de délit, qu'autant qu'elle porte sur l'*indigence*. « Alors, en effet, elle est plus « inexcusable que lorsqu'elle concerne les faits du « procès, parce que, dans ce dernier cas, ainsi que « nous l'avons déjà dit, les fausses allégations pren- « nent quelquefois en partie leur source dans des « illusions. L'assisté qui aura sciemment induit le « bureau en erreur sur les faits du procès, sera « suffisamment puni par le retrait de l'assistance ; « mais celui qui l'aura sciemment induit en erreur

« sur l'état de sa fortune, c'est-à-dire sur un fait
« matériel, sera soumis à une peine correction-
« nelle... »(R.)

§ 2. Lorsque l'assistance est retirée, pour cause
de déclaration frauduleuse, l'assisté *peut, sur l'avis
du bureau*, être poursuivi correctionnellement.

Il semble d'abord résulter de cette disposition
que le ministère public n'aura le droit de poursuivre que lorsqu'il y sera provoqué par le bureau. Nous admettons, en effet, qu'habituellement
son action sera subordonnée à cette condition ;
mais il nous paraît difficile de penser qu'elle doive
être complètement paralysée par l'abstention du
bureau, dès que l'assistance aura été réellement
retirée pour déclaration frauduleuse. Il peut se
présenter telle circonstance où la notoriété publique et la gravité des faits nécessiteront des
poursuites.

D'un autre côté, les termes de la loi établissent
que le parquet n'est pas obligé d'agir, par cela
seul que le bureau d'assistance aurait émis un
avis dans ce sens. Il lui appartient encore d'apprécier les faits par lui-même.

§ 3. On a cru devoir rendre formellement applicable en cette matière l'art. 463 du Code pénal
relatif à l'admission des circonstances atténuantes.

Les juges ne pourront dès-lors éprouver aucun doute sur l'application de cet article, et ils seront à même d'user d'indulgence, s'il y a lieu.

Il est du reste à remarquer que s'il convient, en cette matière comme en toute autre, de ne pas montrer une sévérité excessive, il importe également de ne pas se laisser aller à une indulgence exagérée. Celui qui, sans y avoir droit, voudrait obtenir les immunités accordées aux indigents devrait exciter la réprobation générale, comme ceux qui dans les rues attirent les aumônes, en faisant croire à une misère qu'ils n'éprouvent pas réellement et à des infirmités qu'ils n'ont jamais eues.

ART **27**. Les dispositions de la loi du 7 août 1850 sont applicables :

1° A toutes les causes qui sont de la compétence des conseils de prud'hommes, et dont les juges de paix sont saisis dans les lieux où ces conseils ne sont pas établis ;

2° A toutes les contestations énoncées dans les numéros 3 et 4 de l'art. 5 de la loi du 25 mai 1838.

§ 1er. La loi adoptée dans les séances des 14 juin, 2 juillet et 7 août 1850, est ainsi conçue :

ARTICLE PREMIER. Dans les contestations entre patrons et ouvriers devant les conseils de prud'hommes, les actes de procédure, ainsi que les jugements et les actes nécessaires à leur exécution, seront rédigés sur papier visé pour timbre, conformément à l'article 70 de la loi du 22 frimaire an VII.

L'enregistrement aura lieu en débet.

ART. 2. Les dispositions de l'art. 1er sont applicables aux causes du ressort du conseil des prud'hommes portées en appel ou devant la Cour de cassation.

ART. 3. Le visa pour timbre sera donné sur l'original au moment de son enregistrement.

ART. 4. La partie qui succombera sera condamnée aux dépens envers le Trésor ; le recouvrement aura lieu suivant les règles ordininaires contre les parties condamnées.

§ 2. L'article 5 de la loi du 25 mai 1838 attribue aux juges de paix le droit de connaître, sans appel jusqu'à la valeur de cent francs, et à charge d'appel à quelque valeur que la demande puisse s'élever :

3° « Des contestations relatives aux engage-
« ments respectifs des gens de travail au jour, au
« mois et à l'année, et de ceux qui les emploient ;
« des maîtres, des domestiques ou gens de service
« à gages, des maîtres et de leurs ouvriers ou ap-
« prentis, sans néanmoins qu'il soit dérogé aux

« lois et règlements relatifs à la juridiction des
« prud'hommes;

4° « Des contestations relatives au paiement des
« nourrices, sauf ce qui est prescrit par les lois et
« règlements d'administration publique à l'égard
« des bureaux de nourrices de la ville de Paris et
« de toutes les autres villes. »

En ce qui concerne le recouvrement des sommes
dues pour mois de nourrice, l'article ci-dessus
abroge l'art. 6 de la loi du 16 juin 1824. Il étend
l'immunité qu'il accorde à toutes les contestations
de cette nature, quelle que soit la somme réclamée;
mais il substitue l'enregistrement en *débet* à l'enregistrement *gratis* qui autorisait la loi de 1824.

TITRE II.

DE L'ASSISTANCE JUDICIAIRE EN MATIÈRE CRIMINELLE ET CORRECTIONNELLE.

ART. **28.** Il sera pourvu à la défense des accusés devant
les Cours d'assises, conformément aux dispositions de l'art. 294
du Code d'instruction criminelle.

L'article **294** du Code d'instruction criminelle
est ainsi conçu :

« L'accusé sera interpellé de déclarer le choix
« qu'il aura fait d'un conseil pour l'aider dans sa
« défense ; sinon le juge lui en désignera un sur-
« le-champ, à peine de nullité de tout ce qui suivra.

« Cette désignation sera comme non-avenue et
« la nullité ne sera pas prononcée si l'accusé
« choisit son conseil. »

L'ordonnance du 20 novembre 1822, relative à
l'exercice de la profession d'avocat et à la discipline du barreau, porte :

ART. 41. « L'avocat nommé d'office pour la
défense d'un accusé ne pourra refuser son ministère sans faire approuver ses motifs d'excuse ou
d'empêchement par les cours d'assises qui pro-
nonceront, en cas de résistance, l'une des peines
déterminées par l'article 18 ci-dessus. »

Les peines déterminées par l'article 18 de l'ordonnance sont, l'avertissement, la réprimande,
l'interdiction temporaire et la radiation du tableau.

Nous avons dit déjà que la menace d'une péna-
lité n'était pas nécessaire pour atteindre le but
que l'on se proposait, et qu'on aurait pu s'en rapporter aux généreuses traditions du barreau. Il
suffit à cet égard de rappeler que, dans les affaires
d'assises les plus importantes, on voit les magis-

trats désigner quelquefois comme défenseurs de l'accusé, des avocats qui appartiennent au conseil de l'ordre ; et que ceux-ci, loin de refuser leur concours en pareil cas, viennent souvent l'offrir avec le plus louable désintéressement.

ART. **29**. Les présidents des tribunaux correctionnels désigneront un défenseur d'office aux prévenus poursuivis à la requête du ministère public, ou détenus préventivement, lorsqu'ils en feront la demande, et que leur indigence sera constatée, soit par les pièces désignées dans l'art. 10, soit par tous autres documents.

§ 1er. Le projet du gouvernement accordait aux prévenus indigents, dans tous les cas, le droit de demander un défenseur. On a pensé que ce serait aller trop loin.

« Il y a un nombre infini d'affaires correction-
« nelles d'une si médiocre importance et d'une si
« grande simplicité que le ministère d'un défen-
« seur est inutile. Telles sont les causes entre par-
« ties pour des injures, des rixes ou autres délits
« analogues, et les poursuites intentées par les
« diverses régies dans lesquelles le fait es. resque
« toujours prouvé par un procès-verbal, ma-
« nière à rendre toute discussion impossibl. C'est
« faire assez pour la liberté et les intérêts des in-
« digents, que de décider qu'il sera nommé dé-
« fenseur *aux prévenus poursuivis à la requête a mi-*

« nistère *public, ou prévenus préventivement*. Au pre-
« mier coup d'œil la seconde condition semble
« rentrer dans la première ; mais, en réalité, il
« n'en est pas ainsi, parce qu'il y a certaines
« affaires de régie dans lesquelles le prévenu est
« détenu préventivement. Les causes de cette der-
« nière nature sont assez graves pour que la no-
« mination d'office d'un défenseur soit utile ; et
« d'ailleurs le prévenu étant en prison ne peut
« faire personnellement les démarches nécessaires
« pour s'en procurer un. »

§ 2. La loi admet ici, pour constater l'indigence,
d'autres moyens que ceux indiqués dans l'art. 10 ;
il suffirait donc de remplir les formalités prescrites par l'article 420 du Code d'instruction criminelle, relatif à la dispense de consignation de
l'amende dans le cas de pourvoi en cassation. Les
magistrats peuvent même admettre tous autres
éléments d'appréciation.

ART. **30**. Les présidents des cours d'assises et les présidents
des tribunaux correctionnels pourront, même avant le jour
fixé pour l'audience, ordonner l'assignation des témoins qui
leur seront indiqués par l'accusé ou le prévenu indigent, dans
le cas où la déclaration de ces témoins serait jugée utile pour la
découverte de la vérité.

Pourront être également ordonnées d'office toutes produc-
tions et vérifications de pièces.

Les mesures ainsi prescrites seront exécutées à la requête du ministère public.

La commission de l'Assemblée nationale a dit à ce sujet par l'organe de son rapporteur : « L'ar-
« ticle 321 du Code d'instruction criminelle con-
« tient une disposition qui a de l'analogie avec
« celle-là ; seulement, c'est au procureur général
« que le droit dont il s'agit est attribué dans les af-
« faires du grand criminel ; et nous saisissons avec
« empressement cette occasion de déclarer, d'a-
« près notre expérience, que le parquet en a con-
« stamment usé d'une manière, non-seulement im-
« partiale, mais encore large et généreuse ; qu'il
« ne s'est jamais considéré comme l'adversaire de
« l'accusé, et que, au contraire, il s'est toujours
« souvenu de cette belle parole d'un avocat-géné-
« ral de l'ancienne magistrature... *que l'officier du*
« *ministère public est un champion posté pour la dé-*
« *fense et le triomphe de la vérité.* » (R)

La disposition de l'art. 321 du Code d'instruction criminelle dont il est ici fait mention, porte :
« Les citations faites à la requête des accusés
« seront à leurs frais, ainsi que les salaires des
« témoins cités, s'ils en requièrent ; sauf au pro-
« cureur général à faire citer à sa requête les té-
« moins qui lui seront assignés par l'accusé, dans

« le cas où il jugerait que leur déclaration pût
« être utile pour la découverte de la vérité. »

Il est probable que maintenant les membres du
parquet s'abstiendront d'user de cette faculté, et
qu'ils renverront les accusés au président de la
Cour d'assises pour obtenir la citation gratuite de
leurs témoins; cependant, le droit conféré à cet
égard au ministère public nous semble subsister.
Ce n'est pas par induction, et parce qu'elle serait
devenue moins utile, qu'une disposition formelle
de l'un de nos Codes peut être considérée comme
abrogée.

Nous pensons également qu'en ce qui concerne
les pourvois en cassation, il y a toujours lieu de se
référer à l'art. 420 du même Code qui, non-seulement exempte de l'amende les condamnés en matière criminelle et les agents de l'administration,
mais encore dispense de consigner l'amende en
matière criminelle, correctionnelle ou de simple
police, toutes personnes qui joindront à leur demande en cassation :

1° Un extrait du rôle des contributions constatant qu'elles paient moins de six francs, ou un
certificat du percepteur de leur commune portant
qu'elles ne sont point imposées ;

2° Un certificat d'indigence à elles délivré par le maire de la commune de leur domicile ou par son adjoint, visé par le sous-préfet, et approuvé par le préfet de leur département.

Les dispositions générales de la loi sur l'assistance judiciaire ne s'appliquent pas aux matières criminelles, et celles qui se trouvent au titre II de cette loi ne tendent qu'à compléter ce qui déjà avait été fait dans le même ordre d'idées par le Code d'instruction criminelle.

Voici plusieurs décisions de la Cour de cassation relatives aux certificats d'indigence produits pour être dispensé de la consignation d'amende.

Un certificat d'indigence n'est pas valable lorsqu'il a été délivré par un *receveur des contributions* ou par un *commissaire de police*. (Arrêt du 22 prairial an XII, rapporté au *Répertoire* de Merlin, v° *Certificat d'indigence*. — Voir cependant art. 6, L. 10 décembre 1850.)

Ni lorsqu'il est *antérieur* au jugement contre lequel le pourvoi est dirigé. (Arrêt du 25 thermidor an XII, *ibid.*)

Ou légalisé seulement par le sous-préfet. (Arrêt du 27 vendémiaire an IX.) — L'*approbation du préfet* est une condition essentielle pour la validité du certificat. (Arrêt du 30 août 1849, *Bulletin criminel*, n° 228.)

Mais le défaut d'approbation peut être réparé

par un acte postérieur, jusqu'au jour où il doit être statué sur la demande en cassation, et même après l'expiration du délai fixé pour le pourvoi. (Arrêt du 1ᵉʳ fructidor an IX, Merlin, *Répert.*, *ibid.*)

La légalisation peut aussi être fournie postérieurement au dépôt du pourvoi. (Arrêt du 16 août 1837.)

L'état de faillite ne dispense pas de produire les pièces exigées par l'art. 420 du Code d'instruction criminelle pour être dispensé de consigner l'amende. (Arrêt du 15 juin 1836.)

Même lorsqu'il est dûment constaté.

« Attendu que, d'après l'art. 442 du Code de « commerce, le failli n'est dessaisi que de l'adminis- « tration et non de la propriété de ses biens ; — que, « dès-lors, il n'en résulte pas l'état d'indigence « et de non-imposition exigés par la loi pour la « dispense de la consignation. » (Arrêt du 19 août 1837.)

Lorsqu'un certificat d'indigence a été délivré suivant les formes exigées par l'autorité compétente, on ne peut tirer une fin de non-recevoir devant la Cour de cassation de ce que l'état d'indigence ne serait pas réel. (Arrêt du 10 mai 1836.)

Du reste, la dispense de consignation n'empêche pas que l'indigent, s'il succombe dans son recours, ne soit condamné à payer l'amende, et, par suite, exposé à ce sujet aux poursuites de l'administration de l'enregistrement. (Arrêt du **28** décembre 1812.)

Les certificats d'indigence sont exempts du timbre. (Loi du 13 brumaire an VII, art. 16.—1°§ 12.)

Art. **31**. La présente loi pourra, par des règlements d'administration publique, être appliquée aux colonies et à l'Algérie.

L'art. 109 de la Constitution porte que le territoire de l'Algérie et des colonies sera régi par des *lois particulières*, jusqu'à ce qu'il soit placé sous l'empire du droit commun. Il en résulte que les lois faites pour la métropole ne sont pas applicables de droit aux colonies et à l'Algérie. C'est ce qui a donné lieu à la disposition ci-dessus qui constitue une délégation du pouvoir législatif.

Cette loi abroge-t-elle l'article **75** de la loi du 25 mars 1817 qui charge le ministère public d'intervenir pour le rétablissement ou la rectification des actes de l'état civil qui intéressent les indigents? (Voir loi du 10 décembre 1850, art. 10, *Comment.*, § 1er.)

IMMUNITÉS SPÉCIALES

LOI

des 18, 27 novembre et 10 décembre 1850

Ayant pour objet de faciliter le mariage des indigents, la légitimation de leurs enfants naturels et le retrait de ces enfants déposés dans les hospices.

ARTICLE PREMIER. Les pièces nécessaires au mariage des indigents, à la légitimation de leurs enfants naturels et au retrait de ces enfants déposés dans les hospices, seront réclamées et réunies par les soins de l'officier de l'état civil de la commune dans laquelle les parties auront déclaré vouloir se marier.

Les expéditions de ces pièces pourront, sur la demande du maire, être réclamées et transmises par les procureurs de la République.

§ 1er. Les art. 75 de la loi du 25 mars 1817, 77 de celle du 15 mai 1818, et 8 de celle du 3 juillet 1846, avaient déjà pourvu presque suffisamment à ce que les indigents n'eussent pas à payer les droits du fisc pour les actes exigés en cas de *mariage*, de *reconnaissance* et de *légitimation* d'enfants naturels. Cependant la population nécessiteuse profitait peu du bénéfice de ces dispositions, bien qu'elle dût les connaître. C'est qu'il restait encore des formalités à remplir, des démarches à faire, l'embarras des correspondances, des pièces à obtenir dans des communes plus ou moins éloignées. Il fallait écarter pour l'indigent tous ces obstacles, qui trop souvent le détournaient du mariage ou du moins servaient de prétexte à des unions illégitimes. Il fallait lui donner un *conseil*, un *mandataire officiel* pour le guider et aplanir toutes les difficultés inhérentes à sa position. Voilà ce qu'on a fait, et ce qui donne à la présente loi un caractère de généreuse *assistance*.

§ 2. Cette mission devait être légalement confiée à l'autorité municipale, sauf à faire intervenir au besoin le ministère public.

« Le maire offre des garanties qu'on chercherait « inutilement ailleurs. Nous vous proposons de lui « confier l'instruction préalable au mariage, et par « là, nous entendons toutes les correspondances, « toutes les démarches, tous les actes nécessaires « pour parvenir à la célébration du contrat. De- « mandes de pièces en France ou à l'étranger,

« consentements, publications à requérir, dispen-
« ses à réclamer, certificats de libération du ser-
« vice militaire, telles seront les attributions du
« maire à l'égard de l'indigent. Il deviendra
« comme son mandataire en agissant au nom de la
« loi et dans les conditions qu'elle aura prescri-
« tes. » (*Rapport de M. de Limairac.*)

On ne pouvait à cet égard s'en rapporter exclusivement aux sociétés charitables, tout en ap-
préciant l'utilité de leur concours et des résultats
obtenus, notamment par les Sociétés de Saint-
François-Régis.

« L'indigence reconnue, il faut que l'assistance
« prenne un caractère de légalité qui ne se ren-
« contre que dans l'intervention de l'homme pu-
« blic...

« Les pauvres n'y perdront pas; les instincts
« religieux de la charité se prêtent à tout. L'œu-
« vre qui leur a fait tant de bien marchera paral-
« -lèle avec celle de l'assistance officielle, et par la
« nature même des choses il s'établira entre ces
« deux institutions une louable réciprocité de bons
« offices. » (R.)

§ 3. C'est l'officier de l'état civil appelé à célé-
brer le mariage qui doit être le conseil, le mandataire de l'indigent.

Il lui appartient d'indiquer, dès le principe, les

7

formalités à remplir pour obtenir le bénéfice de la loi, et même, dans certains cas, si la position des futurs et les circonstances l'exigent, de faire pour eux à ce sujet les démarches nécessaires. (Voir art. 6, *Comment.*, § 1er.)

L'officier de l'état civil devra aussi examiner avec soin, d'après les explications qui lui seront données, en combien d'originaux il faudra délivrer le certificat d'indigence, conformément à l'art. 8 de la loi, et le dire aux parties; car si l'on était obligé ultérieurement d'obtenir des duplicata, il en résulterait de fâcheux retards.

§ 4. Dès que l'indigence sera légalement constatée, il faudra se procurer les pièces nécessaires.

Mais l'art. 5 de la loi laisse à la charge de l'indigent le coût des expéditions. Le maire aura donc à examiner s'il doit exiger le dépôt de la somme à laquelle s'élèvera cette dépense, ou s'il peut l'avancer lui-même ou au moins accepter la responsabilité du payement.

Cette première difficulté aplanie, il importe que rien ne soit négligé pour mettre les futurs à même d'arriver le plus tôt possible à la célébration du mariage.

Si les actes à produire sont inscrits sur les registres de la commune, il en doit être de suite levé des extraits. On a quelquefois pensé qu'en pareil cas il suffisait de se reporter aux registres ; mais en présence des termes absolus et généraux de l'art. 70 du Code civil, il ne semble pas possible de dispenser les futurs de remettre une expédition de leur acte de naissance ou des actes de décès de leur père et mère, s'il y a lieu. La stricte exécution de cet article offre d'ailleurs, pour la rédaction des actes de mariage, des avantages qu'aucun autre mode ne réaliserait aussi complétement ; elle tend aussi à faciliter la vérification annuelle du ministère public.

Si les actes nécessaires sont dans une commune voisine, le maire pourra souvent les obtenir sans avoir recours au procureur de la République ; mais dès qu'il éprouvera à cet égard quelque difficulté, ou lorsque les actes se trouveront dans un autre arrondissement, il devra s'adresser à ce magistrat. A plus forte raison s'adressera-t-il à lui pour écrire en pays étranger.

Il est désirable que, pour économiser le temps des parquets, et pour plus de célérité, les demandes d'actes soient nettement formulées par les maires, de sorte qu'il n'y ait qu'à les transmettre à qui de droit.

§ 5. Il a été reconnu que pour l'exécution de cette loi, comme pour celle de la loi sur l'assistance judiciaire, la franchise de correspondance dont jouissent les procureurs de la République devait profiter aux indigents. (Voir la loi du 22 janvier 1851, art. 8, § 1er.)

§ 6. La disposition ci-dessus s'applique au retrait des *enfants naturels* déposés dans les hospices ; mais on n'a pas cru devoir l'étendre au retrait des *enfants légitimes* qui auraient pu être déposés après le mariage. « Il n'a point paru moral d'encoura-
« ger en quelque sorte l'abandon de ces enfants,
« en offrant aux indigents une sorte de prime pour
« les retirer un peu plus tard. » (R.)

§ 7. L'art. 21 du décret du 19 janvier 1811 dispose, à l'égard des *enfants trouvés* ou *abandonnés*,
« qu'avant d'exercer aucun droit sur ces enfants,
« les parents devront, *s'ils en ont les moyens*, rem-
« bourser toutes les dépenses faites par l'adminis-
« tration publique ou par les hospices. » Evidemment, cette obligation ne peut être imposée à ceux qui justifient de leur indigence, conformément à l'art. 6 de la présente loi.

§ 8. Les enfants trouvés ou abandonnés sont sous la tutelle des commissions administratives des hospices qui désignent l'un de leurs membres pour exercer, le cas échéant, les fonctions de tuteur. (Loi du 5 pluv. an XIII, art. 1er ; décret du 19 janv. 1811, art. 15.)

Cette tutelle dure jusqu'à la majorité, ou jusqu'à l'émancipation par mariage, *ou autrement.* (Loi du 5 pluv., an XIII, art. 3.)

Il en résulte que, *jusqu'à l'âge de* **21** *ans,* les enfants qui ont été admis dans un hospice et qui n'ont pas été *émancipés* ou *reconnus par leurs parents*, doivent, pour contracter mariage, obtenir le consentement de la commission administrative des hospices. (Code civil, art. 159.)

Lorsqu'ils ont été émancipés, conformément à l'article 4 de la loi de pluviose an XIII, ils retombent sous l'empire du droit commun, et, s'ils n'ont pas **21** ans, ils doivent obtenir le consentement d'un tuteur *ad hoc.*

§ 9. Ces jeunes gens, malgré tout l'intérêt qu'inspire leur position et les probabilités qui s'y rattachent, ne peuvent être admis au bénéfice de la loi qu'en faisant constater leur état actuel d'indigence, ainsi qu'elle l'exige.

ART. **2**. Les procureurs de la République pourront, dans les mêmes cas, agir d'office et procéder à tous actes d'instruction préalables à la célébration du mariage.

« Que le maire soit arrêté par une difficulté, « aussitôt il consulte, il se décharge d'une corres-

« pondance trop épineuse : le procureur de la
« République intervient et prend la place admi-
« nistrative du maire, si toutefois il ne lui suffit
« pas d'éclairer ce magistrat sur la ligne de con-
« duite qu'il doit suivre. » (R.)

Mais les maires ne doivent pas perdre de vue
que, dans le vœu de la loi, ils sont placés en
première ligne, et que le ministère public n'est
appelé à intervenir qu'accessoirement, pour les
diriger et les aider dans l'accomplissement de
cette œuvre de bienfaisance, *à moins qu'il n'y ait
lieu de provoquer une décision judiciaire.*

ART. 3 Tous jugements de rectification ou d'inscription
des actes de l'état civil, toutes homologations d'actes de notoriété, et généralement tous actes judiciaires ou procédures nécessaires au mariage des indigents seront poursuivis et exécutés
d'office par le ministère public.

§ 1ᵉʳ. « Du moment que la célébration d'un
« mariage exigera le concours de la justice,
« le procureur de la République agira *d'office*,
« et comme en matière d'ordre public : et ici,
« nous vous ferons remarquer que nous ne
« nous bornerons pas à consacrer les excep-
« tions admises par les lois antérieures pour les
« rectifications d'actes de l'état civil ; nous en-
« tendons que l'assistance du ministère public
« sera obligatoire toutes les fois que, dans sa con-

« science, le magistrat jugera qu'un mariage ne
« peut être célébré sans accomplissement préala-
« ble d'un acte judiciaire. Nous aurions pu pré-
« ciser et limiter; il nous paraît plus sûr de pren-
« dre l'expression la plus large, afin qu'il soit
« bien compris que désormais (pour le fait du ma-
« riage seulement) le ministère public aura la
« charge de poursuivre les intérêts de l'indigent,
« sans qu'il puisse y avoir lieu, dans aucun cas,
« à l'intervention des avoués. » (R.)

Du reste, l'article ci-dessus, bien qu'il oblige en
général le ministère public à intervenir d'office
dans les cas qu'il prévoit, ne peut lui imposer cette
obligation d'une manière absolue, et de telle
sorte que les magistrats du parquet doivent agir
aveuglément, sans examiner, sans apprécier la
convenance de l'action qu'il s'agit d'intenter, et
la moralité de l'union pour laquelle leur concours
est réclamé, il doit nécessairement leur être permis
de s'abstenir; sauf à rendre compte de leurs motifs
à l'autorité supérieure. (Voir art. 4, *Comment.*,
§ 1ᵉʳ.)

Les frais, en cette matière, seront avancés par
l'administration de l'enregistrement, et taxés conformément aux articles 117 et suivants du décret
du 18 juin 1811.

L'article 118 de ce décret veut que, dans le cas

où le ministère public agit d'office, les actes de la procédure soient visés pour timbre et enregistrés en *debet*. Ici ils devront être enregistrés *gratis*, d'après l'article 4 de la présente loi; et en effet il ne peut y avoir aucune répétition ultérieure à exercer.

Il est à remarquer aussi que l'indigence de la partie en faveur de laquelle devra agir le ministère public se trouvant constatée, comme dans le cas prévu par l'article 120 de ce décret, il n'y aura lieu de passer en taxe, aux termes de cette disposition, que les *salaires des huissiers* et *l'indemnité due aux témoins*, ce qui exclut tous émoluments réclamés par les greffiers.

§ 3. En ce qui concerne les actes de notoriété, la loi semble ne charger le ministère public d'intervenir d'office que pour l'*homologation*; cependant les explications données par la commission de l'assemblée nationale, et le but que se propose la loi, autoriseraient même à cet égard l'intervention du parquet, dût-elle n'être qu'officieuse. Il suffirait d'adresser une invitation au juge de paix compétent, pour qu'il indique aux parties ce qu'elles doivent faire, et qu'ensuite il s'occupe de la rédaction de l'acte.

Pour les difficultés relatives aux actes de notoriété, voir art. **4**, *Comment.*, § **2**.

§ 4. Nous croyons utile de transcrire ici deux avis du conseil d'État insérés au *Bulletin des lois*, qui ont pour objet de faciliter le mariage des indigents en leur indiquant dans quels cas la production d'un acte de notoriété, ou la rectification des registres de l'état civil ne sont pas nécessaires.

L'un, en date du 4 thermidor an XIII, porte :

1° « Qu'il n'est pas nécessaire de produire
« les actes de décès des père et mère des futurs
« mariés, lorsque les aïeuls ou aïeules attestent
« ce décès; et, dans ce cas, il doit être fait men-
« tion de leur attestation dans l'acte de mariage;

2° « Que, si les père, mère, aïeuls ou aïeules,
« dont le consentement ou conseil est requis, sont
« décédés, ou si l'on est dans l'impossibilité de
« produire l'acte de leur décès, ou la preuve de
« leur absence, *faute de connaître leur dernier domi-*
« *cile*, il peut être procédé à la célébration du ma-
« riage des majeurs, sur leur déclaration à serment
« que le lieu du décès et celui du dernier domi-
« cile de leurs ascendants leur sont inconnus.
« Cette déclaration doit être certifiée aussi par
« serment des quatre témoins de l'acte de mariage,
« lesquels affirment que, quoiqu'ils connaissent
« les futurs époux, ils ignorent le lieu du décès
« de leurs ascendants et leur dernier domicile.
« Les officiers de l'état civil doivent faire men-

« tion, dans l'acte du mariage, desdites déclara-
« tions. »

L'autre, du 30 mars 1808, a décidé :

« Que, dans le cas où le nom d'un des futurs ne
« serait pas orthographié dans son acte de nais-
« sance comme celui de son père, et dans celui où
« l'on aurait omis quelqu'un des prénoms de ses
« parents, le témoignage des père et mère ou
« aïeux assistant au mariage et attestant l'iden-
« tité, doit suffire pour procéder à la célébration
« du mariage ;

« Qu'il en doit être de même dans le cas d'ab-
« sence des pères, mères ou aïeux, s'ils attestent
« l'identité dans leur consentement donné en la
« forme légale ;

« Qu'en cas de décès des pères, mères ou aïeux,
« l'identité est valablement attestée, pour les mi-
« neurs, par le conseil de famille ou par le tuteur
« *ad hoc* ; et pour les majeurs, par les quatre té-
« moins de l'acte de mariage ;

« Qu'enfin, dans le cas où les omissions d'une
« lettre ou d'un prénom se trouvent dans l'acte de
« décès des pères, mères ou aïeux, la déclaration
« à serment des personnes dont le consentement
« est nécessaire pour les mineurs, et celle des par-
« ties et des témoins pour les majeurs, doivent
« aussi être suffisantes, sans qu'il soit nécessaire,
« dans tous ces cas, de toucher aux registres de

« l'état civil, qui ne peuvent jamais être rectifiés
« qu'en vertu d'un jugement.

« Les formalités susdites ne sont exigibles que
« lors de l'acte de célébration, et non pour les pu-
« blications qui doivent toujours être faites con-
« formément aux notes remises par les parties aux
« officiers de l'état civil. »

ART. 4. Les extraits des registres de l'état civil, les actes
de notoriété, de consentement, de publications ; les délibérations de conseil de famille, les certificats de libération du
service militaire, les dispenses pour cause de parenté, d'alliance ou d'âge ; les actes de reconnaissance des enfants naturels ; les actes de procédure, les jugements et arrêts dont la
production sera nécessaire dans les cas prévus par l'art. 1er,
seront visés pour timbre et enregistrés gratis, lorsqu'il y aura
lieu à enregistrement. Il ne sera perçu aucun droit de greffe
ni aucun droit de sceau au profit du Trésor sur les minutes et
originaux, ainsi que sur les copies ou expéditions qui en seraient
passibles.

L'obligation du visa pour timbre n'est pas applicable aux publications civiles ni au certificat constatant la célébration civile du mariage.

§ 1er. Cet article reproduit et complète le § 1er
de l'art. 8 de la loi de 1846.

C'est à dessein que l'on a omis dans cette disposition les *actes respectueux*.

« Si la loi a dû prévoir la résistance arbitraire
« ou inconsidérée de quelques parents ; si, dans

« cette vue, elle a toléré une sorte de violence à
« l'autorité paternelle, il a paru sage de ne pas
« élargir une exception regrettable, bien qu'elle
« soit légitimée. » (R.)

Par les mêmes motifs, le ministère public devra
le plus souvent s'abstenir à l'égard du futur qui
aura recours à des actes respectueux.

§ 2. Il s'élève souvent des difficultés ou des
doutes relativement à la production des *actes de
notoriété*.

On a vu précédemment (art. 3, *Comment.*, § 4)
dans quels cas ces actes ne sont pas nécessaires;
mais l'obligation d'en produire ne cesse pas par
cela seul que l'officier de l'état civil connaîtrait
personnellement le lieu et l'époque de la naissance
des futurs.

L'acte de notoriété rédigé en vertu des art. 70
et 71 du Code civil ne doit contenir que des énonciations relatives à la *naissance*, et l'homologation
du tribunal porte exclusivement sur ce point, aux
termes de l'art. 72 du même Code.

Ceux qui, ayant déjà été mariés, veulent contracter un *second mariage* ne peuvent suppléer à
l'acte de décès de leur conjoint par un acte de
notoriété, ni par une déclaration d'absence. C'est
ce qu'a formellement décidé, à l'égard des militaires dont on n'aurait plus de nouvelles, un avis

du conseil d'Etat, en date du **17** germinal an **XIII**.

Il porte :

1° Qu'il y aurait un extrême danger à admettre comme preuves de décès de simples actes de notoriété fournis après coup, et résultant le plus souvent de quelques témoignages achetés ou arrachés à la faiblesse; qu'ainsi cette voie est impraticable;

2° Qu'à l'égard de l'absence, ses effets sont réglés par le Code Napoléon en tout ce qui concerne les biens, mais qu'on ne peut aller au delà, ni déclarer le mariage de l'absent dissous après un certain nombre d'années; qu'à la vérité, plusieurs femmes de militaires peuvent, à ce sujet, se trouver dans une position fâcheuse; mais que cette considération n'a point paru, lors de la discussion du Code Napoléon, assez puissante pour les relever de l'obligation de rapporter une preuve légale, sans laquelle on exposerait la société à de déplorables erreurs et à des inconvénients beaucoup plus graves que les maux particuliers auxquels on voudrait obvier.

Cependant l'art. **46** du Code civil et l'art. **5** de la loi du **13** janvier **1817** permettent de suppléer à l'acte de décès par la *preuve testimoniale*, mais en obtenant à ce sujet une décision judiciaire.

Les tribunaux *peuvent* même admettre cette preuve, en dehors des termes de l'article précité du Code civil, lorsque les registres existent, mais qu'il y a eu *omission d'un ou plusieurs actes*. (Voir Merlin, quest. de droit, v°, *Décès*, § 1ᵉʳ; Toullier, t. 1ᵉʳ, nᵒˢ 350 et suiv.; Dalloz, *rec. alph.*, v°, *Actes de l'état civil*.)

§ 3. Il est presque inutile de faire observer que les actes auxquels s'applique le deuxième paragraphe de l'article doivent être rédigés purement et simplement sur papier libre.

ART. **5.** La taxe des expéditions des actes de l'état civil requises pour le mariage des indigents est réduite, quels que soient les détenteurs de ces pièces, à 30 c. lorsqu'il n'y aura pas lieu à légalisation, à 50 c. lorsque cette dernière formalité devra être accomplie.

Le droit de recherche alloué aux greffiers par l'art. 14 de la loi du 21 ventôse an VII, les droits de légalisation perçus au ministère des affaires étrangères ou dans les chancelleries de France à l'étranger, sont supprimés en ce qui concerne l'application de la présente loi.

§ 1ᵉʳ. On n'a pas voulu imposer aux dépositaires des actes l'obligation de délivrer *gratuitement* les expéditions. Ce serait, a dit l'honorable rapporteur, faire l'aumône à leurs dépens. Il a d'ailleurs paru convenable de laisser quelques frais à la charge de l'indigent, afin d'exciter en lui la réflexion. « Pour ceux qui connaissent les calculs « rigoureux des pauvres, la garantie ne sera pas « complétement illusoire. Elle l'empêchera de se

« déterminer trop légèrement à l'acte qui réclame
« le plus de maturité et de prévoyance. » (R.)

Mais, en même temps, on a eu soin de rendre la
taxe uniforme et de la réduire autant que possible.

§ 2. Dans quels cas les actes de l'état civil doi-
vent-ils être *légalisés?*

On a reconnu que la légalisation *judiciaire* pres-
crite par l'art. 45 du Code civil n'était pas indispensable pour les actes transmis conformément à
l'art. 80 du même Code, par suite de décès dans les
hospices ; et qu'ils pouvaient être légalisés par les
préfets et sous-préfets.

« Cette opinion est fondée sur ce qu'il ne s'agit
« pas, dans l'espèce, d'actes à délivrer à des par-
« ticuliers, dans leur intérêt privé, et pour ser-
« vir, au besoin, en justice, mais d'une mesure de
« service général, qui a un caractère purement
« administratif, et à laquelle paraissent devoir
« s'appliquer, par analogie, les principes en vertu
« desquels sont dispensées du droit de timbre, aux
« termes de l'art. 16 de la loi du 13 brumaire
« an VII, les expéditions délivrées par une ad-
« ministration ou un fonctionnaire public, à une
« autre administration ou à un autre fonctionnaire
« public.

« M. le ministre de la justice et des cultes a re-
« connu, en conséquence, que le mode de légali-

« sation, sans frais, par les préfets et les sous-
« préfets, pouvait s'étendre, d'une manière gé-
« nérale, à tous les extraits d'actes de l'état civil
« qui rentraient dans le cas prévu par la disposi-
« tion précitée. » (*Circul. du ministre de l'intérieur*,
29 oct. 1844.)

Evidemment cette décision ne peut s'appliquer
aux actes de l'état civil nécessaires pour le
mariage, même lorsqu'ils sont réclamés par les
parquets. Mais faut-il que ces actes soient *légalisés*
chaque fois qu'ils doivent être produits *hors de la
commune* où ils ont été reçus? Plusieurs auteurs
se sont prononcés dans ce sens, d'après les termes
de l'art. 45 du Code civil, et en considérant la légalisation comme le *complément de l'authenticité*.
(Voir notamment Duranton, t. Ier, n° 299, à la
note; Coin Delisle et Royer, *Comment. Code civ.*,
art. 45, n° 7, et Demolombe, t. Ier, p. 393.) D'autres, au contraire, invoquent par analogie l'art. 28
de la loi du 25 ventôse an XI, relative aux notaires, et pensent que ces actes ne sont soumis à
la légalisation que lorsqu'il en est fait usage *hors
de l'arrondissement* où ils ont été reçus. (Voir notamment Toullier, t. Ier, n° 307; Hutteau d'Ori-
gny, tit. III, chap. 3, § 1er, n° 15, et Marcadé,
Code civ., art. 45, n° 2.)

Cette dernière opinion semble justifiée par ce
qui a été dit au conseil d'Etat sur l'art. 45 du

Code civil. (Voir Locré, *Législ. civ.*, t. III, p. 195.)
Il sera surtout bien naturel de l'adopter, pour
l'exécution de la présente loi, lorsque l'entremise
des officiers du ministère public offrira une garantie propre à compléter, au moins moralement,
l'authenticité des actes.

§ 3. Indépendamment des actes de l'état civil,
il pourra être nécessaire de s'adresser aux greffiers ou aux notaires pour en obtenir, par exemple, des actes de notoriété, des avis de parents,
des consentements de père et mère ou des procu-
rations.

Mais déjà, « dans un grand nombre de greffes
« les expéditions délivrées aux indigents sont gra-
« tuites, ou si elles sont l'objet d'une remise, elle
« ne s'élève pas toujours au taux que l'on a fixé
« ici. » (R.)

Les notaires n'en font pas moins.

« A Paris, tous les actes notariés préalables au
« mariage d'un indigent sont régulièrement déli-
« vrés sans frais. Dans plusieurs grandes villes,
« même usage, même respect des intérêts des pau-
« vres; ailleurs, on peut comprendre plus rigou-
« reusement les droits qui résultent des tarifs;
« mais, on peut l'affirmer, cette conduite est ex-
« ceptionnelle. Pourquoi la loi interviendrait-elle
« là où la morale publique et de nobles instincts
« ont établi une disposition meilleure que celle

« à proposer? En publiant ces faits honorables
« pour le corps des officiers ministériels, nous les
« rendrons peut-être plus communs et notre but
« sera atteint. » (R.)

ART. **6.** Seront admises au bénéfice de la loi les personnes
qui justifieront d'un certificat d'indigence, à elles délivré par
le commissaire de police, ou par le maire dans les communes
où il n'existe pas de commissaire de police, sur le vu d'un extrait du rôle des contributions constatant que les parties intéressées paient moins de 10 fr., ou d'un certificat du percepteur
de leur commune portant qu'elles ne sont pas imposées.

Le certificat d'indigence sera visé et approuvé par le juge de
paix du canton. Il sera fait mention dans le visa de l'extrait des
rôles ou du certificat négatif du percepteur.

§ 1er. La première partie de cet article est conforme à l'art. 1er de l'ordonnance du 30 décembre 1846.

En règle générale, c'est aux parties intéressées qu'il appartient de faire constater leur état
d'indigence; cependant, comme nous l'avons
déjà fait observer (art. 1er, *Comment.*, §3), leur
position et les circonstances peuvent exiger que
l'autorité locale s'occupe elle-même de ce soin.

M. de Limairac a dit dans son rapport :

« Il est à désirer que l'indigent trouve auprès
« du conseil donné par la loi une partie des fa-
« cilités que lui offrent les sociétés charitables.

« Dans ce but, nous avons admis, non pas en prin-
« cipe absolu , mais comme une exception dont
« le magistrat sera le juge, que les maires ou
« commissaires de police pourront rapporter la
« preuve du taux de la contribution. Cette faculté
« ouverte par la loi indiquera suffisamment aux
« agents de l'autorité la ligne de leurs devoirs ,
« lorsque l'état de l'indigent sera tel qu'il aurait
« trop de difficulté à agir par lui-même. »

Ces observations sembleraient se rattacher à
une disposition spéciale qui ne se trouve pas dans
la loi ; mais nous sommes convaincus que la commission n'en a pas moins voulu faire un appel à la
bienveillance des autorités locales.

§ 2. Nous désirons vivement , dans l'intérêt
même des institutions de bienfaisance, que cette
loi , de même que celle du 22 janvier 1851, ne
donne pas lieu à des abus.

La constatation de l'indigence doit être sérieuse
et loyale.

« Toute personne qui ne paie que 10 francs de
« contribution n'est pas indigente par cela seul ;
« il y a une autre appréciation à faire de ses res-
« sources. Le maire en est le juge à un premier de-
« gré, le juge de paix au second. Aujourd'hui, l'ap-
« prouvé du préfet est une simple formalité, un
« visa. Il n'est point donné à ce magistrat de

« connaître, sans instruction préalable , l'état de
« ceux qui réclament. Le juge de paix, au contraire,
« sera presque toujours en mesure de savoir si le
« maire a sagement agi. Ce contrôle sera vrai, utile
« pour tous, même pour les indigents qui n'au-
« raient qu'à souffrir des abus qui dériveraient de
« la faiblesse excessive des maires. » (R.)

§ 3. Ce n'est pas en vain sans doute qu'on aura
compté sur le contrôle attentif des juges de paix;
ils comprendront que l'on peut, sans payer dix
francs de contribution , trouver dans son travail
des ressources assurées et suffisantes pour écarter
toute idée d'indigence, lorsqu'il ne s'agit que de
se procurer quelques actes; mais nous pensons
qu'il faut , en cette matière, se référer jusqu'à un
certain point à ce qui a été dit pour l'assistance
judiciaire. (Voir art. 11, *Commentaire*, § 2.)

Tel qui ne devrait pas être considéré comme
indigent pour remplir les formalités ordinaires, ne
pourra cependant supporter les frais qu'entraînerait la production de certains actes et surtout une
instance judiciaire. Il faudra donc apprécier, non-
seulement la position des parties, mais encore les
moyens qu'elles auront à employer pour arriver à
la célébration du mariage.

Néanmoins, il paraît certain , par les termes de
la loi, que celui qui paie 10 francs de contribu-

tions et plus, ne peut réclamer les immunités qu'elle accorde aux indigents.

§ 4. La position de chacun des futurs est distincte, et l'un d'eux peut être admis au bénéfice de la loi, alors que l'autre n'y aurait pas droit. De même, s'ils veulent tous les deux l'obtenir, ils doivent tous deux remplir les conditions et formalités exigées.

§ 5. Le ministre des finances a décidé, le 1er août 1848, relativement à la loi du 3 juillet 1846, que les receveurs de l'enregistrement n'étaient pas fondés à refuser de donner la formalité *gratis*, sous le prétexte que le père ou la mère des futurs époux paierait des impôts ou serait dans une position de fortune aisée, et que rien n'autorisait non plus les employés de cette administration à s'enquérir de la position de celui des futurs époux qui ne réclamerait pas les immunités accordées aux indigents. (*Journal de procédure*, art. 4113.)

Ces décisions sont parfaitement applicables à la présente loi.

§ 6. Les certificats d'indigence sont exempts du *timbre*. (Loi du 13 brum. an VII, art. 16 — 1°, § 2.)

ART. 7. Les actes, extraits, copies ou expéditions ainsi délivrés mentionneront expressément qu'ils sont destinés à servir à la célébration d'un mariage entre indigents, à la légitimation ou au retrait de leurs enfants naturels déposés dans les hospices.

Ils ne pourront servir à autres fins sous peine de 25 fr. d'amende, outre le paiement des droits, contre ceux qui en auront fait usage ou qui les auront indûment délivrés ou reçus.

Le recouvrement des droits et des amendes de contravention sera poursuivi par voie de contrainte, comme en matière d'enregistrement.

Nous avons rappelé, au sujet de la loi sur l'assistance judiciaire (art. 18, *Commentaire*, § 1ᵉʳ), comment ont lieu les poursuites en matière d'enregistrement.

Art. **8**. Le certificat prescrit par l'art. 6 sera délivré en plusieurs originaux, lorsqu'il devra être produit à divers bureaux d'enregistrement. Il sera remis au bureau de l'enregistrement où les actes, extraits, copies ou expéditions devront être visés pour timbre ou enregistrés gratis. Le receveur en fera mention dans le visa pour timbre et dans la relation de l'enregistrement.

Néanmoins, les réquisitions des procureurs de la République tiendront lieu des originaux ci-dessus prescrits, pourvu qu'elles mentionnent le dépôt du certificat d'indigence à leur parquet.

L'extrait du rôle ou le certificat négatif du percepteur sera annexé aux pièces déposées pour la célébration du mariage.

§ 1ᵉʳ. Les formalités prescrites par le premier paragraphe sont reproduites de l'ordonnance du 30 décembre 1846. On aurait voulu les simplifier, mais il a été reconnu qu'on s'exposerait ainsi à favoriser la fraude.

Cependant une modification importante a été admise. « En confiant aux procureurs de la Répu-« blique la charge principale des correspondances « et des actes judiciaires, il était nécessaire d'a-« planir, autant que possible, les difficultés maté-« rielles qui se présenteront. Ainsi, lorsqu'un « procureur de la République sera nanti d'un cer-« tificat d'indigence, sur le vu de cette pièce il « pourra requérir une expédition, sans être assu-« jéti à réclamer un duplicata du certificat. Les « réquisitions déposées au greffe tiendront lieu de « pièce justificative. On ne pouvait pas moins « faire pour un magistrat investi, à tant de titres, « d'une aussi haute confiance. » (R.)

Les officiers du ministère public pourraient, dans certains cas et par exception, employer ce moyen, même alors qu'il n'y aurait pas d'instance à engager, lorsque la nécessité d'obtenir un double du certificat d'indigence exposerait les futurs à des retards qu'il importerait d'éviter.

§ 2. Le receveur de l'enregistrement n'aurait pas le droit d'exiger que l'on dépose à son bureau l'extrait du rôle ou le certificat négatif du percepteur, puisque cette pièce doit être annexée à celles qui sont produites pour le mariage.

De même, les maires et greffiers ne seraient pas fondés à vouloir que l'on dépose entre leurs mains un duplicata du certificat d'indigence ; il suffit de leur présenter cet acte.

Mais lorsque des dispenses de parenté, d'alliance ou d'âge sont réclamées pour le mariage d'un indigent, il semble indispensable qu'un des originaux du certificat d'indigence soit joint aux pièces remises au procureur de la République pour être adressées au ministère de la justice.

ART. **9**. La présente loi est applicable aux mariages entre Français et étrangers.

Elle sera exécutoire aux colonies.

§ 1er. « Étendre la faveur de la loi à tous les « étrangers, c'était prendre une mesure contes- « table sous plusieurs rapports. » — « Les gouver- « nements étrangers auraient pu se plaindre de « cette tendance à favoriser les mariages de leurs « nationaux en dehors de leur statut personnel ; « et, d'un autre côté, le magistrat français qui ac- « ceptera l'exécution de la loi dans l'intérêt de « ses compatriotes, aurait pu la trouver onéreuse « dans l'accomplissement des formalités plus diffi- « ciles du mariage des étrangers. Ces considéra- « tions perdent leur valeur lorsque l'une des par- « ties a la qualité de Français. »

Mais une circulaire adressée, le 4 mars 1831,

par le ministre de la justice aux parquets des cours d'appel et des tribunaux de première instance, prescrit « d'exiger de tout étranger non natura-« lisé qui voudra désormais se marier en France, « la justification, par un certificat des autorités « du lieu de sa naissance ou de son dernier domi-« cile dans sa patrie, qu'il est apte, d'après les « lois qui régissent sa capacité, à contracter ma-« riage avec la personne qu'il se propose d'é-« pouser. »

Il est ajouté : « En cas de contestations, les tri-« bunaux compétents seront appelés à statuer. »

Bien que cette circulaire donne lieu à des difficultés, surtout en ce qui concerne les réfugiés politiques, son exécution n'en est pas moins très-importante pour la validité des mariages, car elle est basée sur ce principe, que le statut personnel régit les étrangers en France comme les Français en pays étrangers. (Code civil, art. 3.) Il est d'ailleurs souvent arrivé qu'après s'être mariés en France, des étrangers retournaient plus tard dans leur pays, où la validité de leur mariage n'était pas reconnue, et où l'on refusait même de recevoir leurs femmes et leurs enfants.

Du reste, on admet comme pouvant suppléer au certificat exigé par la circulaire, une attestation équivalente délivrée par les agents diplomatiques ou consulaires accrédités en France.

La production d'un acte de cette nature est surtout indispensable de la part des étrangers qui sont obligés d'obtenir l'autorisation de leur gouvernement pour se marier hors de leur pays. C'est ce qui a lieu, notamment dans le grand-duché de Bade, la Bavière, le grand-duché de Nassau, le Wurtemberg et la plupart des cantons suisses.

On peut, au contraire, en dispenser les étrangers qui sont régis par une législation identique à celle de la France, comme ceux qui sont nés en Belgique ou dans les cantons de Genève et de Vaud. (Voir au surplus l'ouvrage de M. Fœlix *sur les mariages contractés en pays étranger*, extrait de la *Revue étrangère et française de législation*, 1841.)

§ 2. La circulaire du 4 mars 1831 rappelle aussi, en s'appuyant sur un avis émis par le comité de législation du conseil d'État le 20 décembre 1823, que les étrangers doivent faire faire dans leur pays les publications prescrites par les art. 167 et 168 du Code civil; que ces publications doivent avoir lieu suivant les formes usitées dans chaque pays, et que leur accomplissement doit être constaté par un acte émané des autorités locales.

§ 3. Pour obtenir les actes dont ils ont besoin, « tous les étrangers, sans aucune exception, dont « les gouvernements sont représentés à Paris par

« des agents politiques ou consulaires devront à
« l'avenir s'adresser à ces agents. » (*Circulaire du
ministre des affaires étrangères* du 17 juillet 1848.)

Lorsqu'au contraire un Français aura besoin,
dans les cas prévus par la loi, d'actes qui se trouveront en pays étranger, les maires devront réclamer ces actes par l'intermédiaire du procureur de
la République qui s'adressera pour les obtenir à
M. le ministre des affaires étrangères. (Voir
art. 1ᵉʳ, *Commentaire*, § 4.)

§ 4. Le second paragraphe de l'article ci-dessus porte que la loi est applicable aux colonies ;
il est regrettable qu'on ait omis de faire aussi
mention de l'Algérie, comme on l'a fait pour la
loi sur l'assistance judiciaire ; ne pourrait-on réparer cette omission par un règlement d'administration publique, en usant, par analogie, du droit
que l'art. 31 de la loi du 22 janvier 1851 a conféré au gouvernement? *Odia restringenda, favores
ampliandi.*

Art. **10**. L'art. 8 de la loi du 3 juillet 1846, l'ordonnance
du 30 décembre 1846, et toutes dispositions contraires à la
présente loi sont abrogés.

§ 1ᵉʳ. La loi du 10 déc. 1850 abroge-t-elle l'art.
75 de la loi du 25 mars 1817 qui, combiné avec les
avis du conseil d'État des 12 brumaire an XI et

30 frimaire an XII , et avec l'art. 122 du décret du 18 juin 1811, autorise le ministère public à agir d'office pour faire réparer les omissions et opérer les rectifications sur les registres de l'état civil d'actes qui intéressent les individus *notoirement indigents ?* OUI , en ce qui concerne les actes exigés en cas de mariage, de légitimation et de retrait des enfants déposés dans les hospices ; car, à cet égard, l'art. 75 de la loi de 1817 est remplacé par l'art. 3 de la loi actuelle. NON, pour tout autre cas où il s'agirait de faire rétablir sur les registres un acte qui aurait été omis, ou de faire rectifier un acte irrégulier. Mais alors l'abrogation semble résulter implicitement de la loi sur l'assistance judiciaire qui donne aux indigents les moyens d'obtenir eux-mêmes le jugement dont ils ont besoin, et qui, d'un autre côté, établit pour la constatation de l'indigence des garanties particulières. Nous pensons donc que le ministère public devra désormais s'abstenir en pareille matière, et réserver toute son indépendance pour conclure comme partie jointe, chaque fois qu'il ne s'agira que d'un individu ou de quelques-uns seulement.

Il lui appartiendra au contraire d'agir d'office, en vertu des dispositions précitées, lorsqu'il y aura un assez grand nombre d'actes à rétablir ou à rectifier pour que l'intervention du parquet soit réellement motivée par un intérêt d'ordre public.

§ 4. Il est évident que l'art. 77 de la loi du 15 mai 1818 qui prescrit d'enregistrer *gratis* les actes de reconnaissance d'enfants naturels appartenant à des individus notoirement indigents, conserve son effet en dehors des cas prévus par la loi du 10 décembre 1850.

§ 3. Il en faut dire autant de l'art. 80 de la loi du 15 mai 1818, aux termes duquel les expéditions des actes, arrêtés et décisions des autorités administratives, ne portant pas transmission de propriété, d'usufruit, de jouissance, peuvent être délivrés sur papier libre aux citoyens indigents, à la charge d'en faire mention dans ces expéditions. Mais cette disposition n'est pas applicable aux actes de l'état civil. (Délib. adm. de l'enregist. du 29 déc. 1829 ; déc. min. fin. , 22 janvier 1830.)

CIRCULAIRE

DU MINISTRE DE LA JUSTICE

CONCERNANT

LE MARIAGE DES INDIGENTS

———————

Paris, 29 mars 1851.

Monsieur le procureur général, la loi du 10 décembre 1850 a établi le principe de l'assistance publique en ce qui concerne le mariage des indigents, la légitimation de leurs enfants naturels et le retrait de ces enfants déposés dans les hospices.

Depuis longtemps des sociétés charitables s'étaient chargées de l'œuvre de bienfaisance que la loi vient d'organiser. Ces sociétés, sans autre autorité que celle qu'elles puisaient dans leur zèle, ont vu très-souvent leurs soins couronnés de succès, malgré de nombreuses difficultés et des frais quelquefois considérables. Maintenant elles seront les utiles auxiliaires de l'autorité publique, soit, comme elles l'ont fait jusqu'ici, pour la réparation des torts d'une union illégitime, soit pour lever tout obstacle au mariage des indigents qui, sans avoir de fautes à se reprocher, désireraient sérieusement entrer dans la vie de famille.

Mais ces sociétés ne sont établies que dans les grands centres de population, et leur concours est purement volontaire. Il fallait donc, indépendamment de ce concours, assurer partout et toujours le bienfait de la nouvelle loi à ceux qui sont appelés à en profiter.

Tel est le but des dispositions sur lesquelles je viens appeler votre sérieuse attention. Ces dispositions trouvent un excellent commentaire dans le rapport qui a servi de base à la discussion législative.

L'art. 1er de la loi charge l'officier de l'état civil de la commune dans laquelle les parties auront déclaré vouloir se marier du soin de réclamer et de réunir les pièces nécessaires au mariage.

Ce fonctionnaire devra exiger d'abord que les réclamants justifient régulièrement de leur indigence. Les règles tracées à cet égard par l'art. 6 sont simples et d'une exécution facile.

Le certificat d'indigence sera délivré par le commissaire de police, dans les villes où il en existe un ; par le maire, dans les communes où il n'existe pas de commissaire de police. Il sera visé et approuvé par le juge de paix du canton, et il sera fait mention dans le visa de l'extrait des rôles ou du certificat négatif du percepteur.

Avant de délivrer le certificat, le commissaire de police ou le maire de la commune se fera représenter un extrait du rôle des contributions constatant que les parties intéressées paient moins de 10 fr., ou un certificat du percepteur de leur commune portant qu'elles ne sont pas imposées.

Ces pièces doivent être produites par ceux qui invoquent le bénéfice de la loi. L'officier de l'état civil peut, néanmoins, éclairer de ses conseils les parties intéressées, et faire, dans leur intérêt, les démarches qui lui paraîtront utiles pour faciliter la constatation de leur indigence.

Il réunira ensuite les documents nécessaires au mariage. Les termes généraux dans lesquels l'art. 1er est conçu ne permettent de faire aucune distinction. Il y aura donc lieu de réclamer, soit en France, soit à l'étranger, non-seulement les pièces relatives à la célébration même du mariage, mais encore les actes indispensables pour lever les obstacles qui s'opposeraient à l'union des parties. Les demandes en dispenses d'âge , de parenté ou d'alliance seront instruites de cette manière.

La loi a confié à l'officier de l'état civil la protection des indigents ; mais les moyens d'action de ce fonctionnaire sont très-bornés, et il y avait lieu de craindre que son intervention ne demeurât souvent inefficace. Le deuxième paragraphe de l'art. 1ᵉʳ a eu pour objet de remédier à cet inconvénient, en conférant aux procureurs de la République le droit de réclamer et de transmettre , sur la demande du maire, les expéditions des pièces nécessaires au mariage. Les relations entre les maires et les officiers du ministère public sont ainsi précisées dans le rapport de la commission :

« Nous ne nous sommes pas dissimulés que plus d'une fois ces soins pourront être au-dessus des habitudes des maires des communes rurales ou autres , et , pour atténuer cet inconvénient, nous avons admis une sorte de second degré, en étendant à la fois les attributions des procureurs de la République dans leurs rapports administratifs avec les maires et dans leurs rapports judiciaires avec les tribunaux : tel est l'objet des art. 2 et 3.

« Que le maire soit arrêté par une difficulté, aussitôt il consulte, il se décharge d'une correspondance trop épineuse : le procureur de la République intervient et prend la place administrative du maire, si, toutefois, il ne lui suffit pas d'éclairer ce fonctionnaire sur la ligne de conduite qu'il doit suivre. »

L'art. 2 autorise, en effet, les procureurs de la République à agir d'office et à procéder à tous les actes d'instruction préalables à la célébration du mariage.

Dans ces diverses circonstances, l'intervention du ministère public n'est, à proprement parler, qu'accessoire et facultative. Elle est indispensable dès qu'il devient nécessaire de recourir à une décision judiciaire ; l'art. 3 porte, en effet, que « tous jugements de rectification ou d'inscription des actes de l'état civil, toutes homologations d'acte de notoriété, et généralement tous actes judiciaires ou procédures nécessaires au mariage des indigents, seront poursuivis et exécutés d'office par le minis-tère public. »

« Désormais, disait le rapporteur de la commission (pour le fait du mariage seulement), le ministère public aura la charge de poursuivre les intérêts de l'indigent, sans qu'il puisse y avoir lieu, dans aucun cas, à l'intervention des avoués. »

L'art. 4 répète, en les complétant, les dispositions de l'art. 8 de la loi du 3 juillet 1846, et fait remise, en ce qui concerne le mariage des indigents, de tous les droits perçus au profit du Trésor public; il s'étend aux dispenses d'âge, de parenté et d'alliance, dont la loi précitée ne faisait pas mention. Les personnes qui ont régulièrement justifié de leur indigence ne sont donc pas astreintes au paiement des droits de sceau et d'enregistrement. Cette disposition ne fait que consacrer un usage déjà ancien.

Quant à la taxe des expéditions des actes de l'état civil néces-saires pour le mariage des indigents, l'art. 5 a fixé un droit uniforme et aussi faible que possible. Le législateur a concilié ainsi l'intérêt des dépositaires des registres de l'état civil et ce-lui des parties intéressées.

Le même article supprime les droits de recherche établis par l'art. 14 de la loi du 21 ventôse an VII, ainsi que les droits de légalisation perçus au ministère des affaires étrangères ou dans les chancelleries de France à l'étranger.

Nous avons examiné plus haut les principales dispositions de l'art. 6. Il convient de remarquer cependant que cet article, en maintenant la forme des certificats d'indigence établis par l'ordonnance du 30 septembre 1846, a substitué au contrôle des préfets celui des juges de paix.

Ces derniers, plus rapprochés des parties, peuvent vérifier facilement la sincérité des énonciations du certificat et four-nir sur la position des réclamants des renseignements exacts. On ne peut donc attendre de leur intervention que des résultats utiles.

C'est à vous, monsieur le procureur général, qu'il appartient de fixer leur attention d'une manière spéciale sur les nouvelles obligations qui leur sont imposées.

L'art. 7 prescrit de mentionner expressément, dans tous les actes, extraits, copies ou expéditions délivrés en vertu des dispositions précédentes, qu'ils sont destinés exclusivement au mariage des indigents qui les ont réclamés. Tout autre usage entraînerait l'application des pénalités que la même disposition a édictées.

Aux termes de l'art. 8, le certificat d'indigence est délivré en autant d'originaux qu'il y a de bureaux d'enregistrement où ce certificat doit être déposé. Chaque receveur en fera mention dans le visa pour timbre et dans la relation de l'enregistrement.

Néanmoins, ce dépôt ne sera pas obligatoire lorsque le certificat d'indigence aura été remis au procureur de la République et que ce magistrat attestera ce fait dans ses réquisitions.

Quant à l'extrait du rôle ou au certificat négatif du percepteur, cette pièce restera annexée à celles qui doivent être déposées pour la célébration du mariage.

L'art. 9 porte que la loi est applicable au mariage entre Francais et étrangers. Il ne doit pas être étendu au delà de ses limites naturelles.

« Nous avons consacré, par une disposition formelle, disait le rapporteur, l'application de la loi à l'étranger qui contractera mariage en France avec un Français ou une Française. »

Aux termes du même article, la loi est exécutoire aux colonies. Elle doit également recevoir son application en Algérie, car on ne peut douter que l'intention du législateur n'ait été d'en assurer le bienfait à toutes les possessions françaises.

Nous devons faire une dernière observation.

Le but de la loi est de faciliter le mariage des indigents et la légitimation de leurs enfants naturels. Si elle autorise l'officier de l'état civil à réunir les pièces nécessaires au retrait de ces enfants déposés dans les hospices, c'est pour ne pas entraver la célébration du mariage par la difficulté de faire rentrer dans la famille l'enfant auquel les parents donnent un état par leur union. **Mais cette disposition ne s'applique point aux** enfants légitimes; cela résulte et des termes mêmes de l'art. 1er, et de la discussion qui a eu lieu dans le sein de la commission, et que le rapporteur a résumée en ces termes :

« La commission n'a pas cru devoir admettre l'extension donnée à la gratuité des pièces à fournir pour le retrait des enfants légitimes qui auraient pu être déposés après le mariage dans les hospices ; . . . .
il ne lui a point paru moral d'encourager en quelque sorte l'abandon de ces enfants, en offrant aux indigents une sorte de prime pour les retirer un peu plus tard. »

Cette loi est à la fois un acte de haute bienfaisance et une mesure de moralisation : elle tend à assurer aux classes peu aisées de la société la constante et efficace protection des fonctionnaires publics. Les rapports nouveaux qui résulteront de cet état de choses sont de nature à exercer sur l'esprit de la population une salutaire et légitime influence.

Comme toutes les lois nouvelles, celle-ci rencontrera quelques difficultés dans son application. Je ne saurais trop appeler sur cette première expérience votre attention et votre sollicitude.

Dans l'accomplissement des devoirs que la loi leur confie, les officiers de l'état civil devront trouver auprès de MM. les procureurs de la République un concours et des conseils toujours assurés.

Je vous prie également de recommander à vos substituts d'apporter, dans les procédures qu'ils sont chargés de suivre d'office, cette exactitude et cette activité qui sont plus que jamais un devoir lorsqu'il s'agit de venir en aide aux indigents.

Vous voudrez bien m'accuser réception de cette circulaire,

et faire parvenir à chacun des parquets de votre ressort un des exemplaires que je vous transmets.

Recevez, monsieur le procureur général, l'assurance de ma considération très-distinguée.

Le garde des sceaux, ministre de la justice,

E. DE ROYER.

Le directeur des affaires civiles et du sceau,

A. DE DALMAS.

ADMINISTRATION

DE L'ENREGISTREMENT ET DES DOMAINES.

INSTRUCTION

RELATIVE AU TIMBRE ET A L'ENREGISTREMENT DES PIÈCES NÉCESSAIRES POUR LA CÉLÉBRATION DU MARIAGE DES INDIGENTS, LA LÉGITIMATION DE LEURS ENFANTS NATURELS ET LE RETRAIT DE CES ENFANTS DÉPOSÉS DANS LES HOSPICES.

Du 1er février 1851.

La loi du 10 décembre 1850 abroge l'art. 8 de la loi du 3 juillet 1846 et l'ordonnance du 30 décembre suivant, qui ont fait l'ojet de l'instruction n° 1774 ; mais elle contient des dispositions analogues qu'elle coordonne avec d'autres mesures propres à faciliter le mariage des indigents, la légitimation de leurs enfants naturels et le retrait de ceux de ces enfants qui ont été déposés dans les hospices.

Suivant l'art. 4 de cette loi, seront visés pour timbre et enregistrés gratis, lorsqu'il y aura lieu à enregistrement, les extraits des registres de l'état civil, les actes de notoriété, de consentement, de publications ; les délibérations du conseil de famille, les certificats de libération du service militaire, les dispenses pour cause de parenté, d'alliance ou d'âge ; les actes de reconnaissance d'enfants naturels, les actes de procédure, les jugements et arrêts dont la production sera nécessaire au mariage des indigents, à la légitimation de leurs enfants naturels et au retrait de ces enfants déposés dans les hospices.

On doit remarquer que les actes respectueux ne sont pas compris au nombre des pièces susceptibles d'être visées pour timbre et enregistrées gratis. En conséquence, ces actes restent sujets aux droits de timbre et d'enregistrement établis par les lois existantes.

La loi du 10 décembre 1850 n'accorde pas seulement une exemption de droits de timbre et d'enregistrement, le second alinéa de l'art. 4 porte, en outre, qu'il ne sera perçu ni droit de greffe ni droit de sceau au profit du Trésor sur les minutes et originaux des actes désignés au premier alinéa, ainsi que sur les copies ou expéditions qui en seraient passibles.

Enfin, la dernière disposition de cet article dispense même de la formalité du visa pour timbre gratis les publications civiles et les certificats constatant la célébration civile du mariage, qui doivent être remis aux ministres des cultes, conformément à l'art. 54 de la loi du 18 germinal an **X**.

Pour être admises au bénéfice de la loi du 10 décembre 1850, les parties devront, aux termes de l'art. 6, justifier d'un certificat d'indigence à elles délivré par le commissaire de police ou par le maire dans les communes où il n'existe pas de commissaire de police, sur le vu d'un extrait du rôle des contributions constatant que leurs contributions réunies ne s'élèvent pas à 10 fr., ou d'un certificat du percepteur de leur commune portant qu'elles ne sont pas imposées.

Le certificat d'indigence sera visé et *approuvé* par le juge de paix du canton. Il sera fait mention dans le visa de l'extrait des rôles ou du certificat négatif du percepteur.

L'art. 7 impose aux maires, officiers de l'état civil, officiers publics et ministériels, l'obligation de faire mention expresse dans les actes, extraits, copies ou expéditions délivrés, qu'ils sont destinés à servir à la célébration d'un mariage entre indigents, à la légitimation de leurs enfants naturels ou au retrait de ces enfants déposés dans les hospices.

Suivant le même article, ces pièces ne pourront servir à autres fins, sous peine de 25 fr. d'amende, outre le paiement des droits, contre ceux qui en auront fait usage ou qui les auront indûment délivrées ou reçues, et le recouvrement de ces droits et amendes de contravention sera poursuivi par voie de contrainte, comme en matière d'enregistrement.

Aux termes de l'art. 8, le certificat prescrit par l'art. 6 sera délivré en autant d'originaux qu'il y aura de bureaux où les actes, jugements, arrêts, extraits, copies ou expéditions devront être visés pour timbre et enregistrés gratis; toutefois, la remise d'un des originaux de ce certificat à chacun des receveurs chargés d'accomplir les formalités pourra être remplacée par une réquisition du procureur de la République, constatant le dépôt du certificat d'indigence au parquet.

Le receveur fera mention de ce certificat, non-seulement dans le visa pour timbre apposé sur les actes et pièces et dans la relation de l'enregistrement, mais encore sur les registres, en marge des enregistrements. Il donnera un numéro d'ordre aux certificats ou réquisitions, et les enliassera pour les représenter aux employés supérieurs.

Quant aux extraits des rôles et aux certificats négatifs du

percepteur qui auront servi à la délivrance du certificat d'indigence, l'art. 8 porte qu'ils seront annexés aux pièces déposées pour la célébration du mariage.

L'art. 9 étend l'application de la loi du 10 décembre 1850
au mariage entre un Français ou une Française et un étranger, et dispose qu'elle sera exécutoire aux colonies.

Les receveurs adresseront aux directeurs, avant la fin du
mois de janvier 1852, un état conforme au modèle ci-joint,
présentant le nombre des actes, jugements, arrêts, extraits,
copies ou expéditions auxquels la loi du 10 décembre 1850
aura été appliquée pendant l'année 1851, et le montant des
différents droits qu'ils auraient produits. A défaut d'état, il
sera fourni un certificat négatif.

Les directeurs feront parvenir au directeur de l'Administration (bureau du contentieux), pour le 15 février 1852, un
état général pour leur département.

Le directeur de l'administration de l'enregistrement
et des domaines,

Signé TOURNUS.

DÉPARTEMENT
d

EXÉCUTION
DE L'INSTRUCTION
Nº 1876.

ADMINISTRATION
DE L'ENREGISTREMENT ET DES DOMAINES.

État des actes, jugements, arrêts, extraits, copies ou expéditions auxquels la loi du 10 décembre 1850 a été appliquée pendant l'année 1851.

NOMBRE DES ACTES jugements, arrêts, extraits, copies ou expéditions.	MONTANT DES DROITS DONT ILS AURAIENT ÉTÉ PASSIBLES.					OBSERVATIONS.
	ENREGISTREMENT. (Décime compris.)	GREFFE. (Décime compris.)	SCEAU. (Décime compris.)	TIMBRE.	TOTAL.	
						Nota. Les renseignements doivent être donnés en une seule ligne.

Certifié véritable par le   soussigné de l'enregistrement
et des domaines.

A   , le   1852.